CARL AUER
LebensLust

In Liebe meinen Eltern,
meinem Mann und meinen Kindern

Bea Engelmann

Willkommen in der Mutzone

Sei kein Frosch, trau dich!

2011

Umschlaggestaltung: Uwe Goebel
Umschlagfoto: © julien tromeur – Fotolia
Satz: Verlagsservice Hegele, Heiligkreuzsteinach
Printed in Germany
Druck und Bindung: Freiburger Graphische Betriebe, www.fgb.de

Erste Auflage, 2011
ISBN 978-3-89670-793-2

Bibliografische Information der Deutschen Nationalbibliothek:
Die Deutsche Nationalbibliothek verzeichnet diese Publikation in der Deutschen Nationalbibliografie; detaillierte bibliografische Daten sind im Internet über http://dnb.ddb.de abrufbar.

Informationen zu unserem gesamten Programm, unseren Autoren und zum Verlag finden Sie unter: www.carl-auer.de.

Wenn Sie Interesse an unseren monatlichen Nachrichten aus der Vangerowstraße haben, können Sie unter http://www.carl-auer.de/newsletter den Newsletter abonnieren.

Carl-Auer Verlag
Vangerowstraße 14
69115 Heidelberg
Tel. 0 62 21-64 38 0
Fax 0 62 21-64 38 22
info@carl-auer.de

Inhalt

Danksagung

»Mut steht am Anfang des Handelns, Glück am Ende.«
Demokrit

Mein herzliches Dankeschön richtet sich an die 80 Teilnehmer meiner kleinen Studie zum Thema »Mut«, die so mutig waren, den Fragebogen auszufüllen – ohne sie wäre dieses Buch in der nun vorliegenden Form nicht möglich gewesen! Ich bin glücklich, denn diese Menschen haben dem Projekt nicht nur ihre Zeit gewidmet, sondern mir auch ihr Vertrauen geschenkt – sie alle haben es, jeder auf seine Art, ermöglicht, dass neueste Erkenntnisse über Mut in dieses Buch einfließen konnten. Herzlichen Dank deshalb an:

Aleksandra, Andrea, Andreas, Andreas, Angela, Anja, Anke, Anna, Anne, Bärbel, Bärbel, Beate, Berit, Bianka, Brigitte, Brigitte, Claas-Heye, Charlotte, Christina, Christina, Claudia, Daniel, David, Dina, Dirk, Elke, Florian, Frauke, Gabi, Gudrun, Henrik, Horst, Imke, Irmelin, Jakob, Jan, Jean, Jenna, Jens, Jörg, Julia, Juliane, Jutta, Kai, Katarina, Katrin, Kurt, Lara, Lasse, Laura, Lelio, Lisa, Maike, Maria, Marianne, Marion, Martin, Martina, Michael, Michael, Nils, Nina, Petra, Philipp, Ralf, Ralf, Renate, Ronny, Ruth, Sabine, Sandra, Silke, Susanne, Susanne, Thomas, Tine, Torsten, Uwe, Uwe und Valentin.

Mein besonderer Dank gilt meinen Eltern, die mir wunderbare Wurzeln gegeben haben, sowie meinem Mann und den Kindern, die mich immer wieder dazu bringen, mutig an meine Grenzen zu gehen und manchmal darüber hinaus …

»Als ich mich selbst zu lieben begann«

Als ich mich selbst zu lieben begann,
habe ich verstanden, dass ich immer und bei jeder Gelegenheit,
zur richtigen Zeit am richtigen Ort bin
und dass alles, was geschieht, richtig ist –
von da an konnte ich ruhig sein.
Heute weiß ich: Das nennt man VERTRAUEN.

Als ich mich selbst zu lieben begann,
konnte ich erkennen, dass emotionaler Schmerz und Leid
nur Warnungen für mich sind, gegen meine eigene Wahrheit zu leben.
Heute weiß ich: Das nennt man AUTHENTISCH SEIN.

Als ich mich selbst zu lieben begann,
habe ich aufgehört, mich nach einem anderen Leben zu sehnen,
und konnte sehen, dass alles um mich herum eine Aufforderung zum Wachsen war.
Heute weiß ich, das nennt man »REIFE«.

Als ich mich selbst zu lieben begann,
habe ich aufgehört, mich meiner freien Zeit zu berauben,
und ich habe aufgehört, weiter grandiose Projekte für die Zukunft zu entwerfen.
Heute mache ich nur das, was mir Spaß und Freude macht,
was ich liebe und was mein Herz zum Lachen bringt,
auf meine eigene Art und Weise und in meinem Tempo.
Heute weiß ich, das nennt man EHRLICHKEIT.

Als ich mich selbst zu lieben begann,
habe ich mich von allem befreit, was nicht gesund für mich war,
von Speisen, Menschen, Dingen, Situationen
und von allem, das mich immer wieder hinunterzog, weg von mir selbst.
Anfangs nannte ich das »gesunden Egoismus«,
aber heute weiß ich, das ist »SELBSTLIEBE«.

Als ich mich selbst zu lieben begann,
habe ich aufgehört, immer recht haben zu wollen,
so habe ich mich weniger geirrt.
Heute habe ich erkannt: Das nennt man DEMUT.

Als ich mich selbst zu lieben begann,
habe ich mich geweigert, weiter in der Vergangenheit zu leben
und mich um meine Zukunft zu sorgen.
Jetzt lebe ich nur noch in diesem Augenblick, wo ALLES stattfindet,
so lebe ich heute jeden Tag und nenne es »BEWUSSTHEIT«.

Als ich mich selbst zu lieben begann,
da erkannte ich, dass mich mein Denken
armselig und krank machen kann.
Als ich jedoch meine Herzenskräfte anforderte,
bekam der Verstand einen wichtigen Partner.
Diese Verbindung nenne ich heute »HERZENSWEISHEIT«.

Wir brauchen uns nicht weiter vor Auseinandersetzungen,
Konflikten und Problemen mit uns selbst und anderen fürchten,
denn sogar Sterne knallen manchmal aufeinander
und es entstehen neue Welten.
Heute weiß ich: DAS IST DAS LEBEN!

Charlie Chaplin

Ein ermutigendes Willkommen

»Wahrscheinlich hätte ich mehr aus mir gemacht – mehr in meinem Leben geschafft, mehr bewegt, ich hätte mich mehr für andere eingesetzt.«
Mika, 36

Angenommen, Sie wären bereits so mutig, wie Sie es gern wären, was wäre Ihnen dann möglich?

Was würden Sie antworten? Wie geht es Ihnen, wenn Sie die Frage lesen? Wovon träumen Sie? Was möchten Sie erreichen? Wofür brauchen Sie Mut? Wenn Sie erfahren und lernen möchten, wie Sie Ihr Leben mutiger gestalten können, so wird dieses Buch ein wertvoller Begleiter für Sie sein.

Warum mir ein Buch über Mut so wichtig ist

Im Laufe meines Berufslebens als Psychologin und Coach ist eines sehr schnell und deutlich sichtbar geworden: die ungeheuer große Bedeutung von Mut. Insbesondere in Coachings stelle ich immer wieder fest, dass sich die Geschichten meiner Klienten in mancherlei Hinsicht ähneln. Das umfasst das gesamte Spektrum an Themen wie unglückliche Beziehungen und Stress im Beruf, verkümmerte Träume und anstehende Entscheidungen, Burnout-Symptome oder starke Unsicherheit bis hin zu konkreter Angst. Die Anliegen, mit denen meine Klienten zu mir kommen, sind manchmal auf den ersten Blick sichtbar und manchmal aber auch hinter scheinbar offensichtlichen Themen verborgen. Auch wenn jeder natürlich seine ganz eigene Geschichte mit seinen ganz persönlichen Erfahrungen, seinen individuellen Hoffnungen, Träumen und seinen bestimmten Lebensumständen hat, so gibt es doch immer wieder eine Gemeinsamkeit: Ohne Mut geht es nicht! Oder anders formuliert: Mit Mut geht es viel besser! Die Klienten erhalten im Verlauf des Coachings die Zuversicht, eine konkrete Situation erfolgreich meistern zu können, und die Unterstützung, den Zuspruch von außen, dass sie es bewältigen können. Durch das Coaching erkennen sie die in ihnen schlummernden Ressourcen, die es ihnen ermöglichen, lösungsorientiert nach vorn zu schauen, sodass sie an persönlicher Stärke, Selbstvertrauen und Mut gewinnen. Der Schlüssel zum Erfolg liegt vor allem darin begründet, dass die Klienten einen genauen, ehrlichen Blick auf ihre Ausgangssituation werfen und dann Schritt für Schritt mutiger werden.

»Sich jedem und allem zu stellen, was das Leben an ›Überraschungen‹ bereithält«
Axel, 45

Sie kennen das auch: Unser Leben hält viele kleine und große, einfache und anspruchsvolle, absehbare und auch völlig unvorhergesehene Aufgaben für uns bereit, denen wir uns stellen müssen bzw. stellen können. Und dafür brauchen wir Vertrauen – Vertrauen in uns und Vertrauen in das Leben. Doch so einfach ist das nicht mit dem Vertrauen, denn es kostet Mut zu vertrauen … Wenn meine Klienten genügend Mut und Zuversicht erlangt haben, dann erscheint ihnen einiges, ja vieles, wenn nicht gar alles möglich.

Deshalb ist ein Buch über Mut so wichtig, denn es wird Ihnen auf dem Weg in Ihre Mutzone den Rücken stärken!

Im Jahr 2010 habe ich ein Buch über Glück geschrieben. Zwei Jahre zuvor hatte ich eine empirische Studie zum gleichen Thema erstellt, aus der dann das Buch *Reiseziel Glück. Machen Sie sich auf den Weg!* entstand. Glückliche Momente zu genießen, das ist der Motor für all mein Tun. Mir ist im Laufe der

Zeit sehr bewusst geworden, wie viel Mut es kostet, den Weg zum persönlichen Glück gehen zu können. Ohne Mut können wir nicht glücklich werden.

Mut ist für mich immer schon ein wichtiges Thema gewesen. Oder wenn ich es recht überlege, war es vielmehr Angst, die mein Leben in großen Teilen bestimmt hat. In den letzten fast 20 Jahren meines Lebens, seit mein Mann und ich unsere Familie gegründet haben, standen so viele Entscheidungen an, für die ich – aus meiner Sicht – sehr viel Mut benötigte … Denn kaum war unsere Tochter auf der Welt, bestand mein Leben in den darauffolgenden Jahren hauptsächlich aus Krankenhausaufenthalten und Arztbesuchen mit ihr. Nicht immer war der gute Ausgang gewiss und ich hatte auf einmal das Gefühl, vollständig die Kontrolle zu verlieren und dem Schicksal ausgeliefert zu sein. Ich musste plötzlich mutige Entscheidungen treffen, fühlte mich aber überhaupt nicht mutig … Doch wenn ich zurückblicke, habe ich mich noch nie für besonders mutig gehalten – im Gegenteil: Ich empfand mich meistens als eher ängstlich. Und je mehr Mut ich für die Situation mit meinem Kind benötigte, desto größer wurde meine Angst. Denn mir wurde bewusst, wie fragil so ein Leben ist, wie viel Mut es kostet, wie unsicher es ist. Das dachte ich jedenfalls, als ich immer ängstlicher wurde. Denn so war es in den darauffolgenden Jahren: Ich wurde immer ängstlicher … richtig ängstlich … so ängstlich, dass Angst zu einem großen Teil mein Leben regierte. Als mir bewusst wurde, dass mich das so lähmte, dass ich unsicher in die Zukunft schaute und es mir generell an Vertrauen fehlte, habe ich mich der Angst Schritt für Schritt gestellt. Ich fühlte, dass es an der Zeit war, mutig zu werden und mutig zu sein. Ich sprach mir selber Mut zu und holte mir gleichermaßen Zuspruch von außen. Und ich brauchte wirklich Mut, mich meinen Ängsten zu stellen.

Heute kann ich sagen, dass ich mich nach und nach von meiner Angst befreit habe und Schritt für Schritt in meine persönliche Mutzone gelangt bin.

Wenn ich das geschafft habe, dann schaffen Sie es auch!
»Mut ist nicht die Abwesenheit von Angst, sondern die Erkenntnis, dass es noch etwas Wichtigeres gibt als Angst«, sagt Ambrose Redmoon. Es gibt so viel Wichtigeres als Angst!

Doch in diesem Buch geht es nicht nur um Mut als Gegenstück zur Angst. Es geht auch und vor allem um Mut im Sinne von Selbstvertrauen und Entscheidungsfreudigkeit. Sich mutig den eigenen Wünschen und Träumen stellen zu können, mutig das Leben anzunehmen und mutig bereit für Neues zu sein. Kurzum, es geht darum, eigene Grenzen zu überwinden und zu sich selbst zu stehen! Es geht um persönliches Wachstum, dann können Sie sagen:

- »Ich lebe mein Leben so, wie ich es will!«
- »Ich zeige mich so, wie ich bin!«
- »Ich vertraue auf meine innere Stärke!«
- »Ich bin bereit zu wachsen!«

»Mut ist ein wesentlicher Teil meiner Lebensphilosophie.«
Jana, 44

Meine ganz persönliche Motivation

Vor einigen Jahren kam ein mir sehr nahestehendes Familienmitglied in eine schwere Krise. Eine Krise, die alles und auch uns alle sehr veränderte, weil sie so elementar war, dass wir nicht einfach darüber hinweggehen konnten. Sie berührte jeden von uns und traf uns mit voller Wucht.

Sie können sich das wie bei einem Mobile vorstellen: Wenn Sie eine Figur des Mobiles in Bewegung bringen, so tanzen alle anderen mit – ob sie wollen oder nicht. Denn alle Figuren sind Teil eines Systems. Und die Figuren tanzen anfangs wild und unberechenbar durcheinander, bis dann nach einiger Zeit langsam Ruhe einkehrt und das gesamte System mit seinen einzelnen Figuren wieder zum Stillstand kommt – aber anders als vorher.

Keines der Elemente ist mehr dort, wo es vorher war, denn es hat eine Entwicklung stattgefunden, und die Situation ist nun neu. So verhielt es sich auch mit unserer familiären Krise – wir alle wirbelten durcheinander und fühlten uns irritiert, verwirrt und hilflos. Sie können sich sicher vorstellen, wie unangenehm es war, sich als Spielball der Krise zu sehen und unkontrolliert den Geschehnissen ausgeliefert zu sein. Und genau da setzte die Lösung an. Als wir alle gemeinsam anfingen, diese Erschütterung mutig anzunehmen und uns ihr zu stellen, sie also nicht zu tabuisieren, als wir bereit waren, an ihr zu wachsen, führten wir eben dadurch den Wendepunkt herbei.

Die Situation ließ uns ehrlich gesagt auch nur diese eine Chance: Wir mussten das, was bis dahin unsere Lebensphilosophie und -haltung ausmachte, auf den Prüfstand stellen. Denn plötzlich wurde das Althergebrachte infrage gestellt, und es wurde erforderlich, dass wir neue Wege in Betracht zogen, diese dann suchten und schlussendlich auch einschlugen. Die Krise durchbrach unseren Rhythmus. Wir waren am absoluten Tiefpunkt angekommen. Wir wussten nicht mehr weiter. Es blieb uns nichts anderes übrig, als genau das zu akzeptieren und uns neu zu orientieren. Wir hatten nämlich nichts mehr zu verlieren. Das gab uns die Kraft, uns für den Weg zu entscheiden, den wir dann ganz unkonventionell gingen. Das heißt nicht, dass es sofort ruhig wurde, aber immerhin ruhiger. Wir waren nicht mehr nur ängstlich und irritiert, sondern wurden mutig. Jeder für sich, indem jeder von uns sich selber Mut machte. Und mehr noch, wir machten einander Mut statt Vorwürfe, Vorhaltungen, Schuldzuweisungen … Nein: Ermutigung, Zuspruch, Vertrauen und Zuversicht hielten Einzug, und so gewannen wir peu à peu an Stärke. Die Dynamik der Krise lähmte uns nicht mehr, sondern setzte uns in Bewegung, nein, wir setzten uns in Bewegung. Statt nur noch unkontrolliert durch die Luft zu fliegen, konnten wir nun »kraftvoll tanzen«. Denn wir konzentrierten unsere Aufmerksamkeit nicht mehr auf das Problem und unsere schwierige, bemitleidenswerte Lage, sondern vollends auf unsere Stärke und die Lösung. Ich weiß heute, dass Ermutigung und

Mut zur Veränderung die entscheidenden Schlüssel zum Umgang mit dieser Krise waren.

Deshalb ist mir dieses Buch über Mut so wichtig!

Was ist Mut?

»Vom 10-Meter-Brett zu springen«
Lasse, 13

Ja, was ist eigentlich Mut? Wofür genau benötigen wir Mut? Und wofür genau benötigen *Sie* Mut? Was ist uns möglich, wenn wir mutig sind? Und was ermutigt uns? Ändert sich unsere Auffassung von Mut im Laufe des Lebens? Diese Fragen haben mich bewegt. Was Mut für mich persönlich bedeutet, das wusste ich. Aus einigen Gesprächen wusste ich von anderen, was Mut für sie bedeutet und wofür sie Mut benötigten: für einen Zahnarztbesuch, zum Fahrstuhl fahren, dazu, einen Vortrag vor anderen zu halten, ehrlich sein zu können – auch zu sich selber – usw.

Nach und nach erfuhr ich auch von meinen Klienten, was Mut für sie heißt. Und es zeigte sich, dass wir alle Mut benötigen, um unser Leben nach unseren Vorstellungen zu gestalten. Und dass man für Mut auch Ermutigung braucht. Dass alle Veränderungen Mut erfordern.

Wir können lernen, mutig zu sein und mutig zu agieren. Und so entstand die Idee für dieses Buch: Was genau ist Mut? Aus persönlicher Erfahrung weiß ich, dass das Thema Mut sogar so wichtig ist, dass es ein ganzes Buch füllen kann. Ich wollte der Sache auf den Grund gehen und habe dazu eine kleine Studie durchgeführt, denn in all meinen Büchern über Psychologie fand sich nicht ein einziges Mal das kleine Wörtchen Mut im Stichwortverzeichnis.

So begab ich mich weiter auf die Suche und habe bei meiner Recherche über das Thema Mut etliche andere Wörter gefunden, in denen sich das Wort »Mut« als Bestandteil wiederfand.

Lassen Sie sich doch ein paar dieser Begriffe mal auf der Zunge zergehen:

Übermut … Sanftmut … ermutigen, aber auch entmutigen … Unmut … missmutig … Wankelmut … gutmütig … Mutmaßung … frohgemut … Vermutung … Schwermut … wehmütig … Hochmut … mutwillig … Wagemut … Zumutung … demütigen … Anmut … Edelmut … freimütig …

Natürlich gibt es noch viel mehr … ohne Mut geht es eben nicht.

Die Begriffe veranschaulichen sehr schön, dass sich die Bedeutung des alten Wortes »Mut« über die Jahrhunderte gewandelt hat. Erst seit dem 16. Jahrhundert drückt es so etwas wie Tapferkeit aus, während es zuvor für die Beschreibung »triebhafter Gemütsäußerungen« und seelischer Zustände bis hin zum Zorn verwendet wurde.[1] Auch eine Auswahl häufiger Synonyme beleuchtet, wie viele Facetten in diesem kleinen Wörtchen enthalten sind: Beherztheit, Courage, Tapferkeit, Unerschrockenheit, Risikobereitschaft, Verwegenheit, Furchtlosigkeit, Entschlossenheit …

Mir geht es in diesem Buch weniger um den Mut im Sinne von Heldentum, sondern eher um die Furchtlosigkeit, sich von Gewohntem zu lösen und zu neuen, unbekannten Ufern aufzubrechen.

Mut ist eine **kostbare Ressource**, eine Art Kraftquelle. In der Psychologie versteht man unter Ressourcen persönliche Fähigkeiten und individuelle Kompetenzen, die uns Menschen zur Verfügung stehen – manchmal sind wir uns derer nicht bewusst. Wenn es gelingt, unsere persönlichen Ressourcen zu nutzen, dann führt das zu persönlichem Wachstum. Wenn wir die Ressource Mut zum Blühen bringen, dann können wir unsere Persönlichkeit frei entfalten.

1 Aus dem Herkunftswörterbuch, Duden Band 7, Dudenverlag, Mannheim.

Das Projekt »Mut«

Als ich die Idee für dieses Buch entwickelte und mit meiner Familie und ein paar Freunden darüber sprach, stieß ich auf überwältigendes Interesse am Thema Mut und hörte oft so etwas wie »Wie toll! Ein Buch über Mut. Das würde ich auch sofort lesen.« Das machte mir Mut. Ich professionalisierte mein Anliegen und konstruierte einen Fragebogen mit 7 offenen Fragen. Im Nachhinein kann ich sagen, dass es mich wirklich verblüfft hat, wie hoch die »Mitmachbereitschaft« war, denn ich konnte ohne Mühe ausreichend Teilnehmer für meine zweite Studie im Bereich der Positiven Psychologie finden.[2] Sie halten also ein Buch in den Händen, das auf neuesten Erkenntnissen beruht. Das ist doch ermutigend, oder?

Die Antworten meiner Teilnehmer machten eines deutlich: Mut hat viele Gesichter. Es ist eben nicht so simpel, dass wir Mut einfach nur haben oder nicht haben. Ohne Mut können wir nicht so frei agieren, wie wir es uns wünschen. Wir benötigen ihn in den unterschiedlichsten Lebens- und Entwicklungsphasen einerseits und in ganz konkreten Situationen andererseits. Für die einen ist es mutig, Fallschirm zu springen oder einfach nur Fahrstuhl zu fahren. Für die anderen impliziert Mut die Fähigkeit, neue Weichen im eigenen Leben zu stellen. Wenngleich die Antworten so unterschiedlich waren wie die Teilnehmer, die bei der Studie mitgewirkt haben, so gibt es doch übergeordnete Begriffe, die das Konstrukt Mut bilden.

Basierend auf den Ergebnissen der Studie »Mut« aus dem Jahr 2011 habe ich das 7-Zonen-Modell entwickelt, das in 6 Schritten den Weg in die Mutzone aufzeigt.

---

2 Bei dieser Befragung bin ich methodisch ähnlich vorgegangen wie bei meiner ersten Studie zum Thema Glück (Engelmann 2010).

Warum Mut uns so guttut

»Den größten Fehler, den man im Leben machen kann, ist, immer Angst zu haben, einen Fehler zu machen.«
Dietrich Bonhoeffer

Mut und Ermutigung gehören unmittelbar zusammen. Mut ist das Resultat von Ermutigung, denn Mut fällt nicht einfach vom Himmel. Es ist nichts Schicksalhaftes, mit dem man gesegnet ist. Ob ein Mensch mutig ist oder nicht, hängt zu einem großen Teil mit seinen Erfahrungen und seinem Umfeld zusammen, wie die Studie belegt. Wer keine oder nicht allzu viel Angst vor Fehlern hat, wer auf seine Fähigkeiten vertraut und auf die Unterstützung anderer, ihm wichtiger Menschen bauen kann, der wird sich im Großen und Ganzen als mutig erleben.

Der Aspekt der Fehlertoleranz spielt eine wesentliche Rolle in Bezug darauf, ob wir uns trauen, so zu handeln, wie wir es am liebsten würden. Zu wissen, dass wir sprichwörtlich von anderen gehalten werden und dass ein Fehler nicht gleichbedeutend mit Ärger und einem »Weniger an Geliebtwerden« sein wird, verringert die Angst vor Fehlern.

»Mut benötige ich dafür, Ärger nicht aus dem Weg zu gehen.«
Dieter, 51

Außerdem befähigt uns dieses Wissen dazu, nicht so sehr in »Fehlern« und »Nicht-Fehlern« zu denken, sondern es ermöglicht uns vielmehr ein »trial and error«. Bei einer solchen Haltung stehen ganz klar die Chancen, die mit einem Versuch in Verbindung gebracht werden, im Vordergrund. Ein Fehler würde nicht bedeuten »Oh, jetzt habe ich etwas falsch gemacht und das ist wirklich schlimm«, sondern er steht lediglich für einen nicht geglückten Versuch und hat zur Folge, dass man es weiter probiert. Das ist schon alles – nicht mehr und nicht weniger. Bei dem Prozess des Immer-noch-einmal-Versuchens kann Ermutigung erforderlich sein.

Ermutigung bedeutet, sich selbst oder anderen Mut zu machen. Botschaften wie »Ich schaffe das schon!« und »Du schaffst das schon!« wirken Wunder. Immer wieder kann ich in meinem privaten Umfeld und auch in Coachings beobachten, welch große Wirkung Ermutigung hat.

Bedingt durch die große familiäre Herausforderung, die ich zu meistern hatte und auch unbedingt meistern wollte, sind Ermutigung und Mut essenzielle Bestandteile meines Lebens geworden, auf die ich nicht mehr verzichten möchte. *Mut tut gut!* – mir, meiner Familie, den Menschen in meinem Umfeld und auch meinen Klienten. Ermutigung auch! Wenn wir uns mutig fühlen und uns selber ermutigen oder auch von anderen ermutigt werden, dann sind wir für Veränderungen gut gewappnet.

Warum soll ich zur Mutzone aufbrechen?

»Die Vergangenheit ist Geschichte, die Zukunft ein Geheimnis und dieser Augenblick ist ein Geschenk!«
Ina Deter

Sind Sie bereit für ein flammendes Plädoyer in Bezug auf die Einzigartigkeit und Vergänglichkeit des Lebens? Ganz ehrlich: Genau das sind die Gründe dafür, warum wir zu unserer persönlichen Mutzone aufbrechen sollten. Unser Leben ist endlich und, wie die Liedermacherin Ina Deter es so schön in einem Interview formulierte, jeder Augenblick ist ein Geschenk. Auch dieser Moment, in dem Sie dieses Buch lesen – und auch jeder kommende. Wir kennen unsere Zukunft nicht und wir wissen auch nicht, wie viele Tage bzw. Jahre uns zur Verfügung stehen. Unsere Zukunft ist das, was wir daraus machen! Wir haben die Möglichkeit, unsere Zukunft frei zu gestalten. Kennen Sie den Spruch »Heute ist der Anfang vom Rest meines Lebens«? So ist es. Punkt. Diese Erkenntnis schmerzt zwar ein bisschen. Aber wenn wir uns trauen anzuerkennen, dass heute der erste Tag vom Rest unseres Lebens ist, dann macht diese Erkenntnis doch auch unglaublich stark, oder? Wir haben nichts zu verlieren. Nur etwas zu gewinnen. Als mir das bewusst geworden ist, stellte ich mir die folgenden Fragen:

- Was genau möchte ich mit dem »Rest« meiner Zeit machen?
- Wie möchte ich meine Zukunft gestalten?
- Wie möchte ich mein Leben leben?
- Wann genau werde ich mein Leben so leben, wie ich es mir vorstelle?
- Wird das irgendwann sein oder meine ich wirklich »jetzt«?
- Welche Träume habe ich, die ich unbedingt verwirklichen möchte?
- Was möchte ich gern noch erreichen?
- Was möchte ich ändern? Möchte ich wirklich etwas ändern?
- Wen wünsche ich mir an meiner Seite?
- Was macht mir Spaß?
- Was mache ich richtig gern? Mache ich davon schon genug?
- Was gibt meinem Leben eigentlich einen Sinn – aus meiner Sicht?
- Womit möchte ich mein Leben füllen?
- Was soll sich in meinem Leben für mich erfüllen?

Aufrichtige Antworten darauf zu geben, fiel mir gar nicht so leicht. So ehrlich mit mir selber zu sein, tat aber gut, denn ich wusste, wo ich hin wollte: in meine Mutzone.

Beantworten Sie diese Fragen einmal für sich – sicherlich geht es Ihnen dann auch so wie mir, und Sie möchten unbedingt in Ihre Mutzone kommen.

»Ich war sehr mutig, als ich mich entschieden habe, meine gesicherte berufliche Existenz aufzugeben, um etwas zu beginnen, von dem ich nur denke, jedoch nicht weiß, dass es mir vielleicht mehr Spaß macht und meinen Interessen eher entsprechen könnte.«

Carl, 32

Mir fiel auf, dass ich einiges auf meiner Liste hatte, das ich machen würde und machen wollte, wenn ... ja, wenn mich nicht irgendetwas zurückhalten würde. Wenn ich keine Angst hätte. Keine Angst vor Neuem, keine Angst vor anderen, keine Angst vor mir, keine Angst vor den Folgen. Mir wurde klar, dass es so viele Blockaden gab, die ich lösen wollte.

Dann kamen mir noch die folgenden Fragen in den Sinn:

- Wovor genau hatte ich Angst?
- Wer oder was blockiert mich?

Und dann stellte ich mir auch noch die alles entscheidenden Fragen:

- Wie könnte ich meine Ängste überwinden?
- Wie könnte ich diese Blockaden lösen?
- Woher könnte ich den Mut nehmen?

Als mir bewusst wurde, was ich alles in meinem Leben noch machen könnte, wenn ich mutiger wäre, erarbeitete ich mir eine Strategie, um das in die Tat umsetzen zu können. Ich kannte den Begriff der Komfortzone und ich wusste, dass ich eine Zeit lang sogar noch nicht einmal dort war, sondern eher in meiner Angstzone. Das war auch okay, aber ich wusste, dass ich darin nicht verharren wollte. Also schuf ich meine persönliche »Mutzone«. Ich spürte, dass ich für Veränderungen bereit war und mich darauf freute. Auf viele schöne Augenblicke ...

Mutzone

In der Mutzone können wir unser Leben so leben, wie wir wollen. Hier sind wir authentisch. Wir können unser Leben mit dem füllen, was uns Spaß macht und unserem Leben einen Sinn gibt. Die beste Zeit dafür ist »jetzt«!

Wenn man in seiner Mutzone ankommt, kann man authentisch sein. Menschen, die authentisch sind, wirken auf andere sehr attraktiv. Oder wie finden Sie diese gekünstelten Menschen, die uns tagtäglich im Fernsehen präsentiert werden oder die Sie auf Partys oder Empfängen treffen? Echt zu sein ist eine Kunst, die Mut erfordert. Damit Ihnen das gelingt, können Sie Schritt für Schritt dieses Programm umsetzen.

Stellen Sie sich dazu noch diese Frage:

- Welche meiner Ideen, Träume und Pläne würde ich als Erstes in die Tat umsetzen, wenn ich mutig wäre?

Brechen Sie zu Ihrer Mutzone auf. Das Wort aufbrechen verdeutlicht, dass dieser Prozess Kraft kostet. Einer meiner Lieblingsfilme, der Dokumentarfilm »Rhythm is it«, handelt von der großartigen Wirkung wachsenden Selbstbewusstseins. In einem bis dahin beispiellosen Projekt geht es um die Aufführung des Balletts »Sacre du Printemps« (»Das Frühlingsopfer«) von Igor Stravinsky mit 250 Kindern und Jugendlichen unter der Leitung von Sir Simon Rattle, dem Chefdirigenten der Berliner Philharmoniker, und dem Choreographen Royston Maldoom. Stravinsky selbst sagte über sein Stück: »Im *Sacre du Printemps* wollte ich die leuchtende Auferstehung der Natur schildern, die zu neuem Leben erweckt wird […], die Auferstehung der ganzen Welt.« Mit seiner Musik machte er die unbändige Kraft hörbar, mit der sich die Natur ihren Weg durch den vom Winter gefrorenen Boden bricht, um dann in voller Schönheit zu erstrahlen. Jede kleine Pflanze, jede einzelne Tulpenzwiebel kann nur dann in voller Blüte stehen, wenn sie diesen Wachstumsprozess geschafft hat.

Und so ist es mit uns Menschen auch – und mit dem gleichen Ergebnis. Auch wir erstrahlen dann in voller Schönheit …

Guten Mutes

»Und jedem Anfang wohnt ein Zauber inne, der uns beschützt und der uns hilft zu leben.«
Hermann Hesse

Die Studie zum Thema Glück zeigte, dass sich die meisten Menschen zum Glücklichsein wünschen, alles möge so bleiben, wie es ist! Aber sehen Sie, das geht eben nicht. Die Zeit tickt unaufhörlich weiter, und nichts ist so beständig wie die Veränderungen in unserem Leben. Das zu bejahen, bedeutet auch, ja zum Leben zu sagen.

Wir Menschen entwickeln uns vom Embryo zum Greis – dazwischen liegen viele Entwicklungsstufen. Wir verändern uns stetig, auch wenn wir es gar nicht bemerken. Wenn wir diesen Veränderungen aufgeschlossen entgegenblicken können, weil wir das, was vergangen ist, vergangen sein lassen, weil wir den Moment genießen können und weil wir gleichermaßen mutig in die Zukunft schauen, dann leben wir ein erfülltes Leben. Und wer möchte das nicht? Lassen Sie sich vom Leben verzaubern …

Seien Sie mutig: Fassen Sie den Mut zur Veränderung! Fassen Sie den Mut, das Leben zu bejahen! Fassen Sie den Mut, Sie selbst zu sein! Das wünsche ich Ihnen!

Ach übrigens: Sie sind mutig! Sie haben dieses Buch in die Hand genommen und aufgeschlagen, um sich mit dem Thema Mut auseinanderzusetzen und um den Weg in Ihre Mutzone zu wagen.

Ich wünsche Ihnen, dass Sie frohen Mutes das Buch lesen und glücklich in Ihrer persönlichen Mutzone leben werden!

Anleitung für Ihr persönliches Mut-Mach-Buch

»Mut verleiht mir Flügel.«
Lilli, 18

Die Mutzone ist also der Bereich, in dem Sie Ihr Leben so leben, wie Sie es möchten. Wenn Sie in der Mutzone gelandet sind, machen Sie Ihre Träume wahr. Sie leben Ihre Träume. Und es ist der Bereich, in dem Sie authentisch sein können, denn Sie müssen sich nicht mehr fürchten, sondern Sie wissen: Sie haben nur etwas zu gewinnen. In der Mutzone dominieren nicht Angst, Unsicherheit oder Risiken, sondern hier ist Platz für Selbstvertrauen, Herausforderungen, Proaktivität und Neues. Vielleicht bedeutet die Mutzone für Sie aber auch einfach die generelle Bereitschaft zu Veränderungen in Ihrem Leben. So oder so, in der Mutzone leben Sie ein selbstbestimmtes Leben voller Lebensfreude.

Das Gute an der Mutzone auf einen Blick

In der Mutzone können Sie:

- anders sein und sich dabei wohlfühlen
- Spaß haben und sich frei fühlen
- proaktiv und dabei gelassen sein
- auffallen und sich trotzdem geliebt fühlen
- selbstbewusst und stark sein
- im Einklang mit sich und offen für die anderen sein
- eigene Grenzen erkennen und sie trotzdem überwinden
- authentisch und ohne Angst sein
- leben, wie Sie wollen …!

In 6 Schritten zum »Mut-Ich«

Dieses Buch zeigt Ihnen die 6 Schritte auf, die Sie in Ihre persönliche Mutzone führen. Es wird Ihnen dazu verhelfen, Ihr persönliches »Mut-Ich« zu entdecken, zu erreichen und zu leben. Es wird Sie mutig machen! Es wird Sie darin unterstützen, Ihr Leben so mutig zu leben, wie Sie es *eigentlich* gern leben würden …

Wenn Sie es schaffen, die mit dem Wörtchen »eigentlich« verbundenen Blockaden zu lösen, und Ihre Ängste überwinden, wenn Sie anfangen zu träumen und Ihre Sehnsucht spüren, wenn Sie dann Kraft tanken und sich Ihrer Stärken bewusst werden, wenn Sie darüber hinaus noch Projektmanager in eigener Sache werden und den Absprung wagen … dann sind Sie in Ihrer Mutzone angekommen.

Wie kann Ihnen dieses Buch konkret Mut machen? Für die 6 Schritte zur Mutzone finden Sie verschiedene Methoden oder Werkzeuge, die Ihnen auf dem Weg dorthin helfen:

- Mut-Mach-Rituale
- Mut-Mach-Impulse
- Mut-Mach-Tipps
- Mut-Mach-Übungen
- Mut-Mach-Beispiele aus der Praxis: von mutigen Menschen lernen

Mut-Mach-Rituale

Rituale helfen Ihnen, sich genau die Portion Ermutigung zu verschaffen, die Sie benötigen. Sie können Ihnen aber darüber hinaus auch bereits Geschafftes vor Augen führen. Sie dienen Ihnen dazu, sich in wiederkehrenden Abständen selber zu ermutigen.

Mut-Mach-Rituale

- sind Handlungen, die nach bestimmten Mustern ablaufen und in regelmäßigen Abständen durchgeführt werden können
- haben einen hohen Symbolcharakter, weil sie dazu dienen, uns zu ermutigen
- unterstützen Sie auf Ihrem Weg in die Mutzone
- führen dazu, dass Sie von innen heraus und nachhaltig mutig werden

Die »Mut-Mach-Rituale« erkennen Sie auf den ersten Blick am Frosch vom Buchumschlag. Er zeigt Ihnen: Hier kann ich Mut tanken.

Mut-Mach-Impulse

Neben den Mut-Mach-Ritualen finden Sie in diesem Buch »Mut-Mach-Impulse«. Diese sollen Sie dazu inspirieren, über Mut nachzudenken und auch darüber, wie Sie mutig agieren können. Wenn Sie »Reiseziel Glück« gelesen haben, dann kennen Sie die Arbeit mit Impulsen schon. Diese Impulse laden Sie zum Nachdenken über Mut und Ermutigendes ein. Sie bestehen aus einem Satzanfang, einem Komma und drei kleinen Pünktchen. Sie werden den angefangenen Gedanken also zu Ende denken. Freuen Sie sich auf die motivierende Wirkung dieser Impulse.

Ein besonderer Coachingkniff besteht darin, dass eine Frage anschließend noch drei Mal wiederholt wird. Warum? Nun, weil Sie dann neue Antworten »denken« werden. Denn die erste Antwort, die Ihnen in den Sinn kommt, ist die, die Sie schon sehr genau kennen. Um auch unbewusste und vorbewusste Gedanken in Ihr Bewusstsein zu rufen, ist es sinnvoll, ebenfalls die drei weiterführenden Fragen zu beantworten. Damit Sie beim Lesen dieses Buches Stück für Stück ein wenig mutiger werden können, sollten Sie sich intensiv mit dem Thema beschäftigen und den Impuls schriftlich ergänzen. So können Ihnen die Mut-

Mach-Impulse sehr nützlich sein. Lassen Sie sich überraschen und probieren Sie es einfach aus. Sie haben schon jetzt die erste Gelegenheit dazu.

Kleiner Tipp: Schreiben Sie in Ihr Buch hinein! Selbst wenn Sie vielleicht früher dazu angehalten wurden, nicht in Bücher zu schreiben – befreien Sie sich einfach davon. Hier können Sie schon das erste Mal mutig agieren und einfach hineinschreiben.

Mut-Mach-Impuls:

Mutig war ich, als …

____

Und wann noch? ______________________

Und wann noch? ______________________

Und wann noch? ______________________

Mut-Mach-Tipps

Durch einige Antworten der Teilnehmer und auch durch meine Coachingpraxis konnte ich im Laufe der Zeit wertvolle Tipps sammeln, die andere und auch mich ermutigt haben. Ab und an finden Sie in diesem Buch einen solchen Tipp. Die Tipps von anderen kann man annehmen, man muss es aber nicht. Es ist mir wichtig, Ihnen das noch mit auf den Weg zu geben. Denn es gilt generell für alles, was Sie in diesem Buch lesen: Wenn es Ihnen gefällt, dann nehmen Sie es für sich an, wenn nicht, dann blättern Sie einfach weiter.

Mut-Mach-Tipp

Nehmen Sie nur die Tipps für sich an, die Ihnen auf Anhieb gefallen. Seien Sie ruhig so mutig und nehmen Sie sich diese Freiheit, selbst wählen zu können.

Mut-Mach-Übungen

Mithilfe dieser Übungen können Sie bestimmte Inhalte vertiefen und in die Praxis umsetzen. Sie dienen einerseits der Selbstreflexion, man kann sie aber auch gut zu zweit durchführen oder mit anderen darüber sprechen. Generell gilt, dass es sich sehr positiv auf Beziehungen auswirkt, wenn Sie positive Themen wie Mut und auch Glück in den Mittelpunkt von Gesprächen stellen. Machen Sie sich gegenseitig Mut.

Die Übungen haben es in sich! Sie werden sie voraussichtlich nicht alle en passant durchführen können, sondern es empfiehlt sich, dass Sie sich jeweils ein bisschen Zeit dafür nehmen. Es lohnt sich – Sie tun es ja für sich! Sehen Sie es als *Selbstfürsorge* …

Mut-Mach-Übung: Dreimal Mut

Lassen Sie sonntagabends die vergangene Woche Revue passieren und schreiben Sie eine Situation auf, bei der Sie für Ihre Verhältnisse mutig waren. Das muss nichts besonders Mutiges im Sinne einer Heldentat sein, sondern finden Sie vielmehr eine Situation, die Sie Mut gekostet hat – sei es, dass Sie über Ihren Schatten gesprungen sind, sei es, dass Sie durch etwas »auffielen« oder sonst etwas, das Sie als mutig erachten. Wenn Sie sich angewöhnen, darauf zu achten, wird es Ihnen leichtfallen, drei Situationen zu notieren.

1. ______________________________

2. ______________________________

3. ______________________________

Mut-Mach-Beispiele

Passend zu den einzelnen Zonen, die ich in diesem Buch beschreibe, finden Sie zum einen Mut-Mach-Beispiele, die in der Wirtschaft unter »best practice« bekannt sind, und zum anderen unzählige Zitate von Teilnehmern, die Sie ebenfalls ermutigen werden. Das sind Antworten oder Antwortsequenzen von Teilnehmern der Studie Mut.

Auch wenn Sie diese Menschen nicht kennen, so können deren Antworten doch eine ermutigende Wirkung auf Sie haben. Außerdem wird verdeutlicht, dass auch andere Menschen für die unterschiedlichsten Dinge Mut benötigen. Sie sind also nicht allein. Und wenn Sie mögen, dann nehmen Sie das eine oder andere Beispiel einfach als Vorbild. Mir persönlich tut es unglaublich gut, solch ermutigende Beispiele zu lesen und mich davon inspirieren zu lassen.

Mut-Mach-Beispiel: Alina, 28

Frage: »Wann waren Sie schon einmal besonders mutig?«

»Da muss ich gerade über mich selbst schmunzeln. Für manche mag Folgendes normal sein, aber ich musste Mut beweisen, um meiner Höhenangst den Kampf anzusagen. Mutig war ich, als ich während einer Klassenfahrt mit einer 8. Klasse in einem Hochseilgarten versucht habe, meine Höhenangst anzugehen. Leider versagten mir die Beine, als ich den letzten Schritt auf den sieben Meter hohen Pfahl machen wollte, sodass ich zitternd und schweißgebadet abgeseilt werden musste. Dennoch habe ich versucht, mich dieser ausgeprägten Angst zu stellen. Seitdem sind Leitern für mich kaum noch ein Problem.«

Die Studie »Mut«

Für dieses Buch habe ich Anfang 2011 eine kleine Studie zum Thema »Mut« durchgeführt. Dafür habe ich einen Fragebogen mit sieben offenen Fragen dazu entwickelt, was Menschen aktuell über Mut denken. Denn Definitionen für abstrakte Begriffe wie Liebe, Glück und eben auch Mut ändern sich im Laufe der Zeit. Für das Projekt haben 80 Teilnehmer den Fragebogen ausgefüllt.

Die Stichprobe setzte sich wie folgt zusammen:

Die Teilnehmer

- stammen aus ganz Deutschland
- weisen verschiedenste Bildungsabschlüsse auf
- stammen aus unterschiedlichen Berufskategorien: Chemielaborantin, Lehrer, Student, Floristin, Universitätslektor, Beamte, Handwerker …
- sind zwischen 13 und 79 Jahre alt
- sind 50 Frauen und 30 Männer

Weil es sich um sehr persönliche Fragen handelt, habe ich den Teilnehmern angeboten, bei Bedarf ein »Alias« zu verwenden. Das heißt, dass einige den Fragebogen unter einem anderen Vornamen ausgefüllt haben. So war gewährleistet, dass diese Teilnehmer nicht »sozial erwünscht«, sondern ganz ehrlich unter Wahrung ihrer Anonymität antworten konnten. Insgesamt haben sich nur 7 Teilnehmer (8,75 % der Befragten) dazu entschlossen. Die Namen für die in diesem Buch veröffentlichten Antworten sind aber alle geändert.

Der Fragebogen

Hier lesen Sie den Wortlaut des Fragebogens, den ich verwendet habe. Füllen Sie ihn doch auch aus und erfahren Sie etwas über sich und Mut …

Fragebogen »MUT«
Instruktion Bitte beantworten Sie die sieben nachfolgenden Fragen. Schreiben Sie Ihre Antworten direkt in das Dokument. Ich bitte Sie darum, so spontan und ehrlich wie möglich zu sein. Wie ausführlich Sie die einzelnen Fragen beantworten, liegt selbstverständlich bei Ihnen. Für mich ist es jedoch eine große Hilfe, wenn Sie Ihren Gedanken freien Lauf lassen … Vielen Dank!
1. Wenn Sie an Mut denken, was fällt Ihnen als Erstes ein?
2. Was bedeutet für Sie Mut?
3. Halten Sie sich für mutig? Wenn ja, wem oder was verdanken Sie Ihren Mut?
4. Wofür benötigen Sie Mut?
5. Wann – in welcher Situation – waren Sie schon einmal besonders mutig?
6. Angenommen, Sie wären bereits so mutig, wie Sie es gern wären, was wäre Ihnen dann möglich?
7. Was würde Sie ermutigen?

Bei der inhaltlichen Auswertung nach wissenschaftlichen Kriterien habe ich alle Antworten einer Frage zunächst zusammengeschrieben und sie dann nach bestimmten Aspekten »geclustert«, was bedeutet, dass ähnliche Antworten in ein Cluster, quasi in eine Schublade gekommen sind.

Da die Ergebnisse sehr interessant und für die 6 Schritte in die Mutzone so wichtig sind, finden Sie sie zum besseren Überblick für jede Frage jeweils in einer Grafik aufgeführt.

Die Erkenntnisse, die sich aus dieser Studie ableiten lassen, haben mich wirklich verblüfft. Ein wesentliches Ergebnis meiner Studie nehme ich vorweg, weil es verdeutlicht, in welcher Klemme wir sitzen, wenn es ums Mutigsein geht: Wir wünschen uns Ermutigung von denen, deren Urteil wir gleichzeitig so fürchten und deretwegen wir Mut brauchen … Bemerkenswert, oder? Schauen Sie selbst.

Frage 1: Wenn Sie an Mut denken, was fällt Ihnen als Erstes ein?

»Mit wackelnden Knien auf meinen Traummann zugehen und sagen: ›Ich würde dich gern küssen‹ und dies dann auch tun.«
Antonia, 59

Die erste Frage habe ich zum Einstieg in das Thema gestellt – sie zielt auf die allererste Assoziation ab, die jemand hat, wenn er das Wort Mut liest. Die Teilnehmer haben frei assoziiert, sodass es zu Mehrfachnennungen kam. Die Antworten, die am häufigsten genannt wurden, lassen sich wie folgt zusammenfassen:

Abb. 1: Erste Assoziation zu dem Begriff »Mut« (in der Reihenfolge der Häufigkeit einzelner Nennungen)

Frage 2: Was bedeutet für Sie Mut?

»Eine wesentliche Triebfeder, über die eigenen und fremd gesetzten Grenzen hinauszuwachsen«
Justus, 36

Im Gegensatz zur ersten Frage, in der es eher allgemein um Mut ging und bei der auch Antworten gegeben wurden, die nicht die eigene Person betreffen wie z. B. Heldentum, rückt Frage 2 näher an die Persönlichkeit des Befragten heran. Im Wesentlichen sind die Antworten ähnlich, aber diese drei neuen Aspekte kristallisierten sich heraus:

- »Persönliches Wachstum« im Sinne von Erweiterung des eigenen Horizonts und der Fähigkeit, seiner eigenen Entwicklung Raum geben zu können
- »Mut hat zwei Seiten«, wozu das Abwägen von Risiken und Chancen genauso zählt wie die Aussage »Es fühlt sich gut an, wenn man mutig ist, aber es ist unendlich schwer« – in diese Antwortkategorie fällt auch die Balance zwischen Übermut und Feigheit
- »Nach Niederlagen weitermachen« zu können und ein »Scheitern« zu überwinden.

Abb. 2: Bedeutung von Mut für die Teilnehmer (in der Reihenfolge der Häufigkeit einzelner Nennungen)

»Abwägen der Chancen, der Risiken, Treffen einer Entscheidung und Realisierung«
Bastian, 46

Frage 3: Halten Sie sich für mutig? Wenn ja, wem oder was verdanken Sie Ihren Mut?

»Ja, ich halte mich für mutig. Ich verdanke es den Lebensumständen und der ständigen Selbstreflexion«
Paula, 58

Auf die erste Frage antworteten immerhin 5 Teilnehmer, dass sie sich für sehr mutig halten. 30 weitere schätzen sich als mutig ein. Somit ist fast die Hälfte aller Teilnehmer (43,75 %) eher mutig. Nicht mutig, teils teils und nur etwas mutig finden sich 48 Teilnehmer.

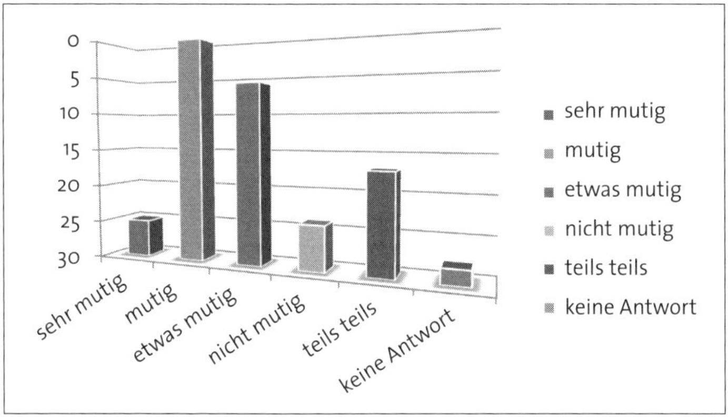

Abb. 3: Die Einschätzungen der Teilnehmer auf Frage 3

»Ja, ich bin mutig – nicht weil ich Fallschirm springe, sondern weil ich die Stärke habe, auch gegen den Strom zu schwimmen, und sozialem Druck nicht nachgebe. Ich verdanke meinen Mut meinen Eltern, insbesondere meiner Mutter und meiner Großmutter, sie sind leuchtende Beispiele für Frauen, die auch in scheinbar aussichtslosen Situationen immer noch nach vorne schauen.«
June, 27

Die meisten Teilnehmer verdanken ihrer Aussage zufolge ihre Fähigkeit zum Mutigsein ihrem direkten Umfeld. Die Menschen in unserer Nähe haben einen großen Einfluss darauf, ob wir uns etwas trauen.

»Ja, ich halte mich heute für mutig, weil ich mich heute Dinge traue, die ich mich in jungen Jahren nicht getraut hätte. Zu verdanken ist dieser Mut fast ausschließlich meinem ersten Chef an meiner heutigen Arbeitsstelle. Er hatte die Fähigkeit, mich zu ermutigen, z. B. vor vielen Menschen nach vorne zu treten und eine Sache zu vertreten. Das hat mich bis heute geprägt.«
Rosalie, 49

Neben Großeltern, Geschwistern, Freunden, Lebenspartnern und vielleicht sogar dem Chef sind es insbesondere die Eltern, denen hierbei eine ganz besondere Bedeutung zukommt, denn Eltern und Erziehung wurden unter dem Stichwort »Umfeld« am häufigsten genannt. Das hat mich schon verblüfft und mich zu der Idee inspiriert, dass es Elterntrainings zum Thema Mut und Mutmachen geben sollte. Auch in der Schule sollten meiner Ansicht nach Themen wie Mut und Glück Einzug halten, da der Einfluss in den ersten Jahren besonders groß zu sein scheint, wie die Interpretation der Antworten zeigte.

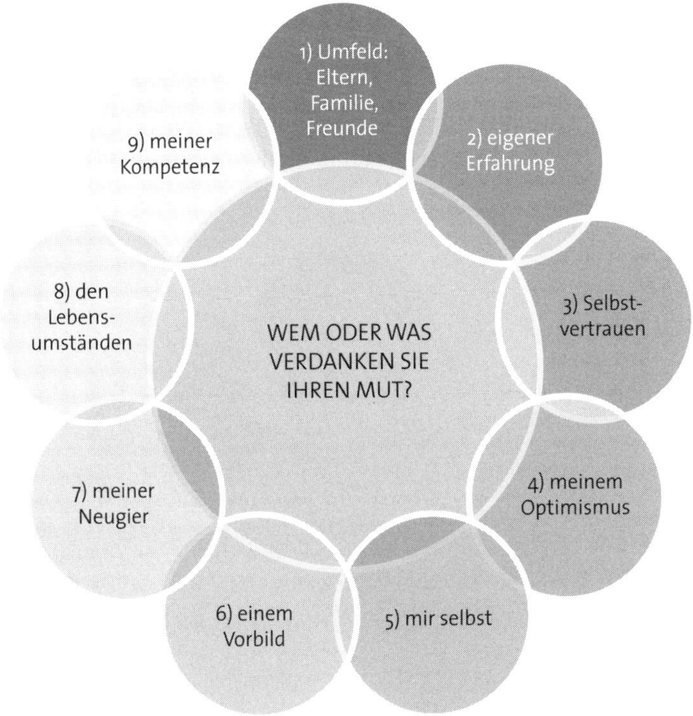

Abb. 4: Quellen für den eigenen Mut (in der Reihenfolge der Häufigkeit einzelner Nennungen)

Frage 4: Wofür benötigen Sie Mut?

»Um gegenüber anderen meine Ziele und Wünsche zu artikulieren und um neue Wege zu gehen«
Inga, 49

Schauen Sie sich die folgenden Antworten einmal ganz genau an: Es besteht eine große Sehnsucht danach, das eigene Leben so zu leben, wie die Menschen es sich erträumen und wünschen. Die von mir befragten Männer und Frauen benötigen Mut für sich selbst, um ihre eigenen Grenzen zu wahren und sich selbst auch

Fehler zu vergeben. Auch für Neues im Leben, was mit Veränderung und auch der persönlichen Entwicklung verbunden ist, benötigen die Teilnehmer Mut. Mut im Sinne von Heldentum und zum Beschützen anderer wird nur noch von 5 Teilnehmern aufgeführt. Allerdings erfordert auch die Liebe von 3 Befragten noch Mut …

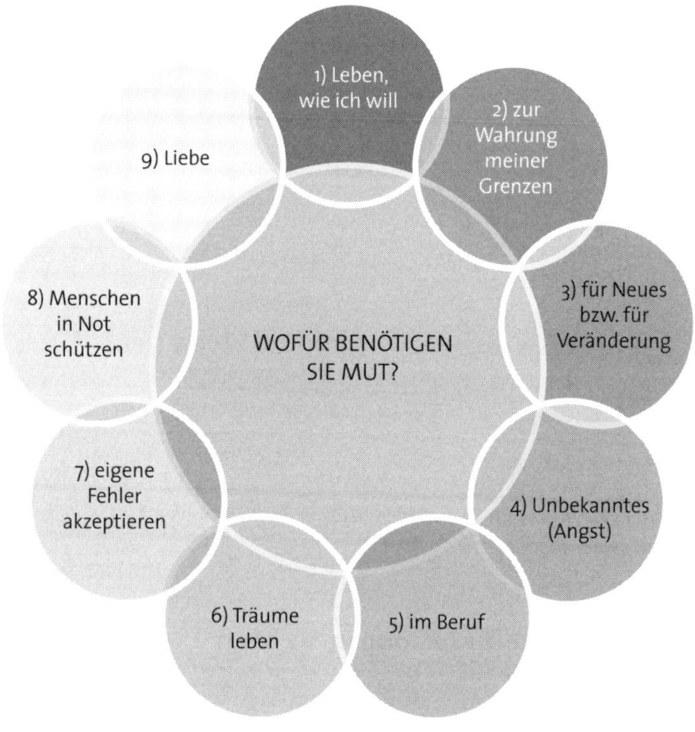

Abb. 5: Bedarf von Mut (in der Reihenfolge der Häufigkeit einzelner Nennungen)

Frage 5: Wann – in welcher Situation – waren Sie schon einmal besonders mutig?

»Bei einem Partnerwechsel in dasselbe Geschlecht und in eine unbekannte Zukunft mit drei Kindern.«
Martina, 40

Bei der Auswertung dieser Frage habe ich die Antworten nach zwei unterschiedlichen Aspekten aufgeteilt: Zum einen brauchten die Teilnehmer den Mut a) für die Lebensgestaltung allgemein, und zum anderen b) in spezifischen Situationen.

Mut für die Lebensgestaltung allgemein

»Bei der Entscheidung, ein Kind in die Welt zu setzen – ohne die Gewissheit zu haben, in den folgenden 20 Jahren optimal für es sorgen zu können.«
Dieter, 51

Was den Punkt der Lebensgestaltung allgemein angeht, empfanden sich die Befragten als mutig, wenn es um weitreichende Entscheidungen ging, die den Aufbruch in neue Lebensabschnitte bedeuteten, dazu zählten beispielsweise der Auszug aus dem Elternhaus oder ein langer Auslandsaufenthalt.

Bemerkenswert ist es, dass mehr als 10 % der Teilnehmer angaben, sie hätten schon einmal eine gesicherte Existenz und einen gesicherten Beruf aufgegeben, um in eine ungewisse Zukunft zu starten, von der sie sich Erfüllung und mehr Lebensfreude erhofften. Aber auch in puncto Liebe und – damit manchmal verbunden – in puncto Trennung von anderen waren die Teilnehmer schon so manches Mal mutig.

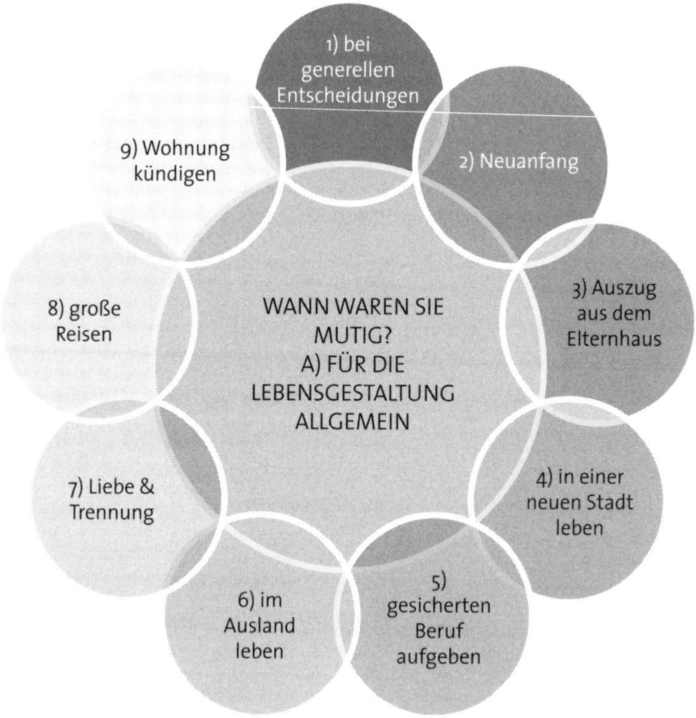

Abb. 6: Mutige Erfahrungen hinsichtlich der Lebensgestaltung allgemein (in der Reihenfolge der Häufigkeit einzelner Nennungen)

Mut in spezifischen Situationen

»Ich habe vor einem Jahr einen jungen Mann vor dem Ertrinken im Meer gerettet. Es war Nacht und ich habe kaum etwas gesehen. Die Möglichkeit, dass ich aufs Meer hinausgespült worden wäre und auch hätte ertrinken können, ist mir erst später bewusst geworden.«

Tom, 25

Viele Teilnehmer gaben an, dass sie besonders mutig waren, als sie sich in einer für sie gefährlichen Situation befanden. Als konkrete Gefahr gaben sie schwere Krankheiten an, mit denen sie fertig werden mussten, aber auch Erinnerungen aus der Kindheit, hier wurden vor allem die Flucht während des Zweiten Weltkriegs und auch Situationen genannt, die Zivilcourage voraussetzten. Angst haben die Teilnehmer überwunden beim Sprung vom 10-Meter-Brett oder auch, wenn es um spezifische Formen wie die Höhenangst ging. Eine junge Teilnehmerin berichtete, dass sie Angst hatte, als sie ihrem Exfreund ihre Liebe gestanden hat. Zu den konkreten Situationen zählten aber auch unfaire Ereignisse in Schule oder Beruf und bei der Entscheidung, ein Kind zu bekommen.

»Während der Flucht verließ ich den abgestellten Flüchtlingszug, um aus dem nächsten Ort Milch zu holen.«
Herbert, 79

Abb. 7: Mutige Erfahrungen in spezifischen Situationen (in der Reihenfolge der Häufigkeit einzelner Nennungen)

Frage 6: Angenommen, Sie wären bereits so mutig, wie Sie es gern wären, was wäre Ihnen dann möglich?

»Ich würde nur die Dinge tun, die mich zu 100 % interessieren und mir den meisten Spaß bereiten. Ich würde mir weniger Gedanken über meine berufliche Zukunft machen und noch entspannter die Entwicklung meines Lebens genießen.«
Niklas, 27

Mal ehrlich: Hätten Sie gedacht, dass die meisten Teilnehmer antworteten, dass sie dann ein bisschen wie Pippi Langstrumpf sein wollten? Dass es ihnen dann möglich wäre, unbeschwert verrückte Sachen zu machen und einfach Spaß zu haben, ohne sich darum zu kümmern, was »die anderen« darüber denken würden?

»Ich bin so mutig, wie ich es nicht anders sein möchte.«
Johanna, 77

»Mut verleiht mir Flügel«, schrieb eine Teilnehmerin. Interessanterweise hatte die zweithäufigste Antwort etwas mit einer Quantifizierung von Möglichkeiten zu tun. Hierzu lieferten die Probanden zwar keine konkreten Zahlen oder Antworten, aber das Spektrum reichte von »so einiges« über »vieles«, »alles, was mit meinen Werten vereinbar ist«, »fast alles«, bis hin zu »nur Weniges wäre unmöglich«.

Auch Träume spielen eine wichtige Rolle:

»Es wäre mir möglich, alle meine ›Traumziele‹ in Angriff zu nehmen: Wenn ich den Mut habe, diese Wege zu gehen, kann ich auch akzeptieren, wenn sich manche meiner Ziele nicht erreichen lassen. Ich habe dann alles mutig ausprobiert und kann mir später nicht vorwerfen, es nicht versucht zu haben.«
Lilli, 28

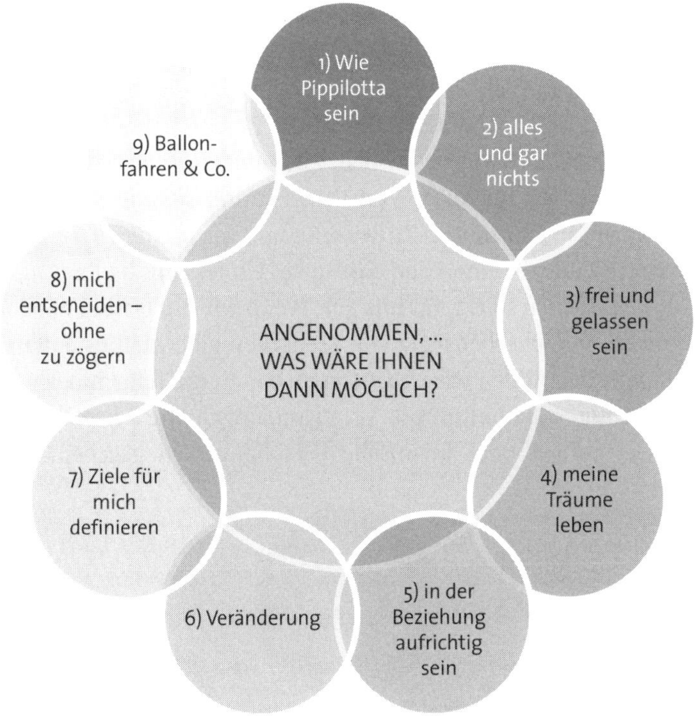

Abb. 8: Was mit Mut möglich ist (in der Reihenfolge der Häufigkeit einzelner Nennungen)

Frage 7: Was würde Sie ermutigen?

Die Antworten zeigen deutlich, dass es zwei unterschiedliche Quellen in puncto Ermutigung gibt: a) exogene und b) endogene Einflussfaktoren.

Exogene Einflussfaktoren: Ermutigung von außen

»Dass Mitmenschen an mich glauben und mir den Rücken stärken, auch wenn es manchmal nicht so gut läuft«

Torben, 45

Anerkennung von anderen und die Unterstützung von Familie und Freunden wurden am häufigsten als ermutigende Faktoren bezeichnet. Ehrliche Bestätigung von uns nahestehenden Personen wirkt sich anspornend auf unsere Bereitschaft aus, Risiken einzugehen und Ängste zu überwinden. Schon allein die Tatsache, dass wir für unser Verhalten zumindest keine Vorwürfe kassieren, macht mutig. Zu wissen, dass wir auf den Zuspruch anderer zählen können und dass unser Umfeld uns bedingungslos den Rücken stärkt, tut uns gut. Wenn wir das Gefühl haben, dass es ein Sicherheitsnetz von Menschen gibt, die uns auffangen würden, fühlen wir uns gestärkt. Für einige Teilnehmer war es wichtig, dass bestimmte Voraussetzungen wie beispielsweise Gesundheit oder finanzielle Unabhängigkeit gegeben sein

Abb. 9: Ermutigung von außen (in der Reihenfolge der Häufigkeit einzelner Nennungen)

müssen, damit sie angstfrei handeln können. Aber auch Vorbilder und Weggefährten, die einfach das tun, was sie für richtig halten, wirken sich motivierend aus.

Endogene Einflussfaktoren: Ermutigung von innen

»Noch mehr eigene Überzeugung, dass ich dadurch keine negativen Konsequenzen habe, also Selbstbewusstsein wahrscheinlich«

Claudia, 31

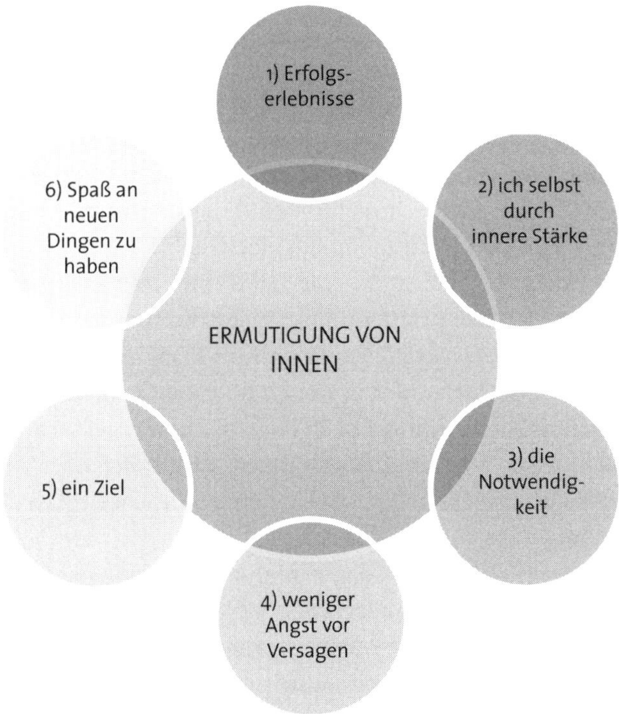

Abb. 10: Ermutigung von innen (in der Reihenfolge der Häufigkeit einzelner Nennungen)

Die Aussicht auf ein Happy End und Erfolgserlebnisse motivieren uns, eine mutige, zuversichtliche Haltung einzunehmen. Auch eine noch größere innere Stärke würde dazu beitragen. Einen wesentlichen Einfluss haben der Glaube an sich sowie die Liebe zu sich selbst. Die Teilnehmer gaben an, dass sie dann mutig wären, wenn die Situation es erfordern würde. Dann könnten sie ihre Angst überwinden. Sehr befreiend würde es sich auch auswirken, wenn die Teilnehmer keine Angst vor Gesichtsverlust oder Versagen hätten. Auch ein Ziel zu haben und Spaß an neuen Dingen würde dies unterstützen.

Kurzes Resümee

Hätten Sie die Antworten so erwartet? Wie hätten Sie geantwortet? Ich weiß nicht, wie es Ihnen geht, mich hat es jedoch erstaunt, dass der Aspekt der Zivilcourage nicht öfter genannt wurde. Zudem hätte ich nicht vermutet, dass unsere Mitmenschen uns so sehr in unserem Tun blockieren.

Ist Ihnen aufgefallen, dass die Teilnehmer Mut dafür benötigen, sie selbst zu sein, aber auf die Frage »Wann waren Sie schon einmal besonders mutig?« keine Antwort in dieser Richtung gaben? Hier kann man nur spekulieren, aber es scheint fast so, dass den Teilnehmern Mutigsein in diesem Zusammenhang nicht bewusst ist, dass sie es nicht erwähnenswert finden oder – und das wollen wir nicht hoffen – sie in dieser Hinsicht einfach noch nicht besonders mutig waren.

Wenn es um Mut geht, dann kommt dem Aspekt der **Subjektivität** eine besondere Bedeutung zu: Nehmen wir an, es kostet uns Mut, eine bestimmte Situation zu meistern, so bedeutet dies nicht zwangsläufig, dass diese mit einem tatsächlichen Risiko oder einer wirklichen Gefahr für uns verbunden ist. Wenn wir es also rein objektiv nicht mit einer Bedrohung zu tun haben, subjektiv aber Angst empfinden, dann sind wir sehr mutig, wenn wir uns einer solchen Situation stellen.

Ein Paradoxon

Die elementare Erkenntnis ist für mich das folgende Paradoxon: Einerseits zeigte sich, dass uns die Meinung, das Feedback und die Anerkennung unserer Mitmenschen so wichtig sind, dass sie oftmals als »Hauptblockade« identifiziert wurden. Wir haben schlicht und ergreifend Angst davor, dass wir unangenehm auffallen könnten und dass »die anderen« schlecht von uns denken. Deshalb passen wir uns scheinbar lieber an, um nicht hervorzustechen. Oder anders formuliert: Es kostet uns ganz viel Mut, so zu sein, wie wir sind.

> »Mut bedeutet für mich, aus der Menge hervorzustechen, durch das Vertreten der eigenen Werte.«
>
> Stefanie, 33

Andererseits brauchen wir den Zuspruch von »den anderen« und ihre Ermutigung. Dies ist sogar eine der Hauptquellen für Ermutigung. Andere können uns eine so wichtige Unterstützung sein, wenn sie einfach für uns da sind und uns nicht »beurteilen«. Darauf haben wir allerdings keinen direkten Einfluss. Aber es gibt noch eine andere Quelle: Das sind wir selber, und darauf haben wir den allergrößten Einfluss.

Die Antworten auf die Frage 7 verdeutlichen, dass Ermutigung eben diese zwei wesentlichen Seiten hat: Wir wünschen uns, dass andere uns ermutigen. Allerdings ist es uns auch bewusst, dass wir selber durch Erfolgserlebnisse, innere Stärke und eine positive Grundhaltung einen ermutigenden Effekt erzielen können.

Um es auf den Punkt zu bringen: Wir wollen uns zugehörig fühlen und trotzdem einzigartig sein. Das ist unser Konflikt. Wir sehnen uns danach, einfach geliebt zu werden, egal ob, was oder wie gut wir etwas tun. Wir möchten keine Angst vor den anderen haben müssen und aus der Reihe tanzen dürfen. Wirklich guttun uns also die Menschen, die einfach für uns da sind. Doch es gibt noch eine weitere, eigentlich die nächstliegende Lösung, die uns auch ein gesundes Stück weit unabhängig von dem Urteil anderer macht: Wir sollten trainieren, aus uns selbst heraus mutig zu sein.

Genau an diesem Punkt setzt das vorliegende Buch an …

Das 7-Zonen-Mut-Modell im Überblick

»Die Zukunft hat viele Namen: Für Schwache ist sie das Unerreichbare, für die Furchsamen das Unbekannte, für die Mutigen die Chance.«
Victor Hugo

Der Weg in Ihre persönliche Mutzone besteht aus bis zu 6 Schritten – je nachdem, in welcher Zone Sie sich derzeit befinden. Ob es große oder eher kleine Schritte sind, das hängt von Ihnen und Ihrer Ausgangsposition ab – und auch davon, wofür Sie wie viel Mut benötigen. Aber unabhängig davon lässt sich sagen, dass dieser Weg schrittweise möglich und mit diesem Programm sehr gut schaffbar ist, und zwar für jeden von uns.

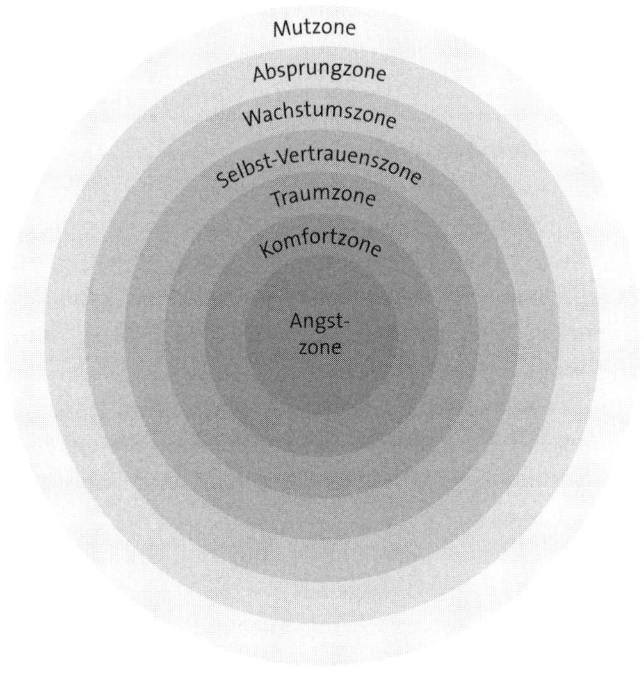

Abb. 11: Das 7-Zonen-Mut-Modell

Im Folgenden bekommen Sie einen Überblick über das Modell der 7 Zonen, die Sie im Laufe dieses Buch Schritt für Schritt durchlaufen.

1. Die Angstzone

In dieser Zone ist Angst das alles dominierende Gefühl. Angst zählt zu den Basisemotionen und hat eine sinnvolle Funktion, denn sie schärft unsere Sinne und hält uns wachsam. Wenn sie allerdings einen zu großen Raum in unserem Leben einnimmt, dann blockiert sie uns und engt uns ein. Die Folge: Wir sind nicht frei zu handeln, wie wir es eigentlich möchten.

Finden Sie heraus, welches Gewicht das Thema Angst in Ihrem Leben hat und wovor *genau* Sie Angst haben. Je genauer Sie Ihre Ängste kennen, umso besser können Sie sie überwinden. Das Leben ist zu kurz, um es mit einem Zuviel an Ängstlichkeit und Unsicherheit zu füllen.

2. Die Komfortzone

Komfort steht für Behaglichkeit und Bequemlichkeit, doch der Begriff Komfortzone klingt gemütlicher, als es oftmals in Wirklichkeit ist. Kennen Sie das auch? Sie würden ja *eigentlich* gern etwas ändern, aber Sie trauen sich nicht wirklich? Sie würden gern glücklicher sein, aber Sie haben Angst vor Veränderungen? Wer in der Komfortzone lebt, hat es sich häuslich eingerichtet und kennt sich gut in seinem Leben aus. Alles um uns herum ist uns vertraut, und verstehen Sie mich nicht falsch: Das hat auch einen hohen Wert. Vertrautheit stellt eine Art Sicherheitsnetz für uns dar und bietet uns Orientierung und Halt. Das ist die gute Nachricht … Aber gefällt uns das auch alles wirklich? Oder haben wir uns einfach nur mit unseren Lebensumständen arrangiert? Bleiben wir am scheinbar »sicheren« Ort mit all unseren Gewohnheiten und lieb gewonnenen Glaubenssätzen, die uns daran hindern, aufrichtig »Ja« zu Veränderungen im Leben zu sagen? Vielleicht gibt es einen Bereich in Ihrem Leben, in dem Sie etwas ändern möchten? Dann auf! Wer aufbricht zu Neuem und zu unbekannten Ufern, dem winken persönliches Wachstum und ein erfülltes Leben. Grund genug, in die Traumzone aufzubrechen.

3. Die Traumzone

»*If you can dream it, you can do it!*« lautete das Motto des amerikanischen Filmproduzenten Walt Disney. Alles, was wir uns erträumen können, kann Wirklichkeit werden, wenn wir es denn von Herzen möchten. Also: Träumen Sie! In der Traumzone ist Platz für Ihre Träume, Ihre Sehnsüchte, Ihre Wünsche und Ihre Visionen. Je mehr Ideen Sie haben und je mehr Träume Sie träumen, desto leichter können Sie persönliche Ziele definieren. Finden Sie heraus, welchen Weg Sie gehen wollen, und erspüren Sie, wo Ihre »verlockende« Zukunft liegt. Das können Sie, indem Sie zunächst einmal ausgiebig träumen. Ja, und auch träumen will gelernt sein. Wichtig ist, dass Sie sich einmal wirklich die Zeit dafür nehmen – und das können Sie in Ihrer Traumzone.

4. Die Selbstvertrauenszone

Nachdem Sie geträumt, geträumt und nochmals geträumt haben, halten Sie in dieser Zone inne. Nun ist es an der Zeit, Ihren Akku mit Selbst-Bewusstsein aufzuladen und das gute Gefühl zu genießen. Zweifeln Sie noch an sich oder vertrauen Sie sich schon? Tanken Sie eine kräftigende Portion »Selbst-Vertrauen«, indem Sie sich ein klares Bild von Ihren Ressourcen, Stärken, Werten und Ihren geballten inneren Kräften verschaffen. Dann haben Angst und Zweifel weniger Platz. Machen Sie sich Ihre Kompetenzen bewusst und halten Sie sich diese im wahrsten

Sinne des Wortes vor Augen. *Lernen Sie, sich selbst zu stärken*, denn Selbstvertrauen ist ein absoluter Mut-Beschleuniger!

5. Die Wachstumszone

Jetzt geht's los! Gestärkt und voller Selbstvertrauen geben Sie sich den Startschuss für bewusstes inneres Wachstum. Werden Sie zum Projektmanager in eigener Sache: Was können Sie *konkret* tun, um Ihre Träume wachzuküssen bzw. zu realisieren? Welchen Traum möchten Sie als Erstes verwirklichen? Welche Chancen sind damit verbunden? Welche Möglichkeiten sind darin enthalten? Stellen Sie in 2 Phasen einen genauen Plan auf:

1. Überlegen Sie zunächst, wie Sie Ihren Plan realisieren könnten. Aus welchen Etappen besteht Ihr Projekt? Welche Kompetenzen benötigen Sie dafür? Welche bringen Sie schon mit und welche brauchen Sie noch? Was wird außerdem an Material, Wissen oder Unterstützung erforderlich sein?
2. Schauen Sie wohlwollend kritisch auf Ihr Projekt und fragen Sie sich, ob Sie noch an irgendetwas ganz besonders denken müssen, worauf genau zu achten ist und was noch verbessert werden könnte.

Nehmen Sie sich in dieser Zone die Freiheit, einfach drauflos zu denken und zu planen! Hier zählen nur Sie und Ihre Ideen! Die Wachstumszone stellt nämlich die Schnittstelle zwischen Traum und Wirklichkeit dar.

6. Die Absprungzone

Hier stehen Sie nun – Sie sind bereits durch fünf Zonen hindurchgegangen, haben sich gestärkt und können sich nun entscheiden. Es ist ein bisschen so, als wären Sie mit jedem Schritt, den Sie von Zone zu Zone getan haben, zu Ihrem persönlichen 10-Meter-Brett hochgeklettert und stehen nun am Ende des Bretts. Eines ist mir noch wichtig: Es müssen nicht wirklich 10 Meter sein – für einige sind schon 3 m fast unerreichbar hoch –, die 10 Meter haben nur Symbolcharakter. Mutig sein, das kann man üben, und ein erster Schritt kann der Gang zur Schwimmhalle sein, das weiß ich aus eigener Erfahrung … Angenommen, Sie stehen nun auf Ihrem persönlichen 10-Meter-Brett: Wenn Sie wieder einen Schritt zurücktreten, so kehren Sie in Ihre Komfortzone zurück und müssten den Weg noch einmal gehen. Doch Sie haben noch eine andere Möglichkeit: Vor Ihnen liegt Ihre verlockende Zukunft, und Sie können sich nun dafür entscheiden, einen weiteren Schritt zu tun – so schaffen Sie im wahrsten Sinne des Wortes den Absprung direkt in Ihre Mutzone. Und damit Sie, wie dort oben auf dem 10-Meter-Brett, all Ihren Mumm zusammennehmen können, tut es hier gut, noch einmal tief durchzuatmen und sich die eigenen Kompetenzen und Wünsche vor Augen zu halten.

Damit der Schritt in die Absprungzone leicht gelingt, sollten Sie sich jetzt Zuspruch und Ermutigung auch von außen holen – sprich, von den Menschen, die Ihnen guttun.

7. Die Mutzone

Wenn Sie in der Mutzone angekommen sind, dann haben Sie Ihre Persönlichkeit frei entfaltet und können Ihr Leben leben, wie Sie es wirklich wollen. Sie können anders sein und sich dabei wohlfühlen, Sie können Spaß haben und sich frei fühlen, Sie dürfen sogar manchmal auffallen und können sich trotzdem sicher sein, geliebt zu werden. Kurzum, Sie halten es dann ein bisschen mit Pippi Langstrumpf: »Ich mache mir die Welt, widdewidde, wie sie mir gefällt.«

Das Gute an der Mutzone ist, dass Sie sich sicher und stark fühlen. Gut, Sie müssen ja nicht gleich ein Pferd hochstemmen können wie Pippilotta, aber Sie werden sich glücklich und mutig fühlen – herrlich selbstbestimmt und authentisch!

Ihre Startposition: Wo stehen Sie jetzt?

Bevor es für Sie nun losgeht, ist noch eine Frage zu klären: Wo stehen Sie jetzt? Wo ist Ihre Startposition – in der Angst- oder in der Komfortzone? Sie können das ganz leicht für sich beantworten, indem Sie sich fragen, welches Gefühl derzeit in Ihrem Leben am meisten ausgeprägt ist: Angst oder eher das Gefühl, dass Sie *eigentlich* ganz zufrieden sind? Wenn Letzteres auf Sie zutrifft, so befinden Sie sich schon in der Komfortzone. Starten Sie nun Ihren Weg, damit Sie eine wirklich **positive Grundhaltung** entwickeln können …

Eine Frage des Standpunkts: Wie stehen Sie jetzt da?

Falls Sie noch unentschlossen sind, in welcher Zone Ihre genaue Ausgangsposition liegt, dann kann Ihnen die folgende Übung helfen. Sie kennen ja sicher den Gedanken: Körperhaltung ist Geisteshaltung. Unser Körper verrät uns viel mehr über uns, als wir gemeinhin denken. Probieren Sie es aus.

Mut-Mach-Übung: Hören Sie auf Ihren Körper!

Lesen Sie zunächst die folgende Anleitung durch und legen Sie dann das Buch zur Seite, um die Übung praktisch durchführen zu können.

1. Denken Sie einmal an sich und Ihr Leben. Wie geht es Ihnen damit?
2. Stellen Sie sich nun so hin, wie Sie sich jetzt mit Ihrem Leben fühlen.
3. Nun beantworten Sie für sich selbst die folgenden Fragen:
   - Stehen Sie aufrecht da oder haben Sie eine eher gebeugte Haltung? Wenn ja, sind Sie leicht nach vorn oder nach hinten gebeugt?
   - Wie ist die Stellung Ihrer Füße? Parallel oder steht einer vor dem anderen?
   - Würden Sie Ihren Stand als eher sicher oder eher etwas wackelig bezeichnen?
   - Wie halten Sie Ihre Arme?

- Und Ihren Kopf?
- Was glauben Sie, wie würde jemand, der Sie so sehen würde, Ihre Körperhaltung beschreiben? Dynamisch, sicher, aufrecht, zögerlich – was meinen Sie?
- Nun horchen Sie noch in sich hinein: Sind Sie glücklich mit Ihrem Leben? Würden Sie eigentlich gern noch etwas anders machen? Fühlen Sie sich unsicher? Nimmt Angst viel Raum ein?

4. Hören Sie auf Ihren Körper und entscheiden Sie dann, ob Sie eher in der Angstzone oder schon in der Komfortzone sind.

Die Angstzone

»Es gibt keine Grenzen. Weder für Gedanken noch für Gefühle.
Es ist die Angst, die immer Grenzen setzt.«
Ingmar Bergmann

Die Emotion Angst

Ein kleiner Exkurs in die Welt der Emotionen vorweg: Angst ist eine von 6 Basisemotionen – neben Glück, Wut, Überraschung, Ekel und Trauer. Gefühle geben unserem Leben die nötige Würze, und sie alle haben ihre Berechtigung und wollen gelebt und nicht verdrängt werden. Deshalb mein Tipp: Genießen Sie verstärkt positive Emotionen wie Glücksgefühle.

Mut-Mach-Impuls:

Ich genieße Glücksgefühle, indem ich …

____

Und wie noch? ______________________________

Und wie noch? ______________________________

Und wie noch? ______________________________

Evolutionsgeschichtlich dienten diese unterschiedlichen Gefühle unseren Vorfahren zum Überleben. Jede Emotion hat eine wichtige soziale Funktion, denn die Art und Weise, wie wir Emotionen mit unserem Körper, unserer Mimik und Gestik ausdrücken, unterstützt uns im menschlichen Miteinander. So können wir auch ohne Worte miteinander kommunizieren. Forscher haben herausgefunden, dass mindestens 80 % unserer Kommunikation nonverbal abläuft, lediglich bis zu 20 % ist verbal. Wir kennen das alle aus unterschiedlichen Situationen: Wenn wir uns nicht sehr wohlfühlen und krampfhaft versuchen, ein Gespräch am Laufen zu halten, dann »spricht« unser Körper doch eine ganz andere Sprache, und es ist am Körper »abzulesen«, wie wir uns fühlen. Die Körpersprache »verrät« uns im wahrsten Sinne des Wortes. Das können verschränkte Arme, eine unmotivierte Mimik, ein nervöses Gescharre mit den Füßen oder auch ein unkonzentrierter Blick sein. Genau das Gegenteil ist zu sehen, wenn wir uns mit jemand anderem sehr wohlfühlen – unsere gesamte Körperhaltung ist dann sehr zugewandt, so wie wir eben auch. Insbesondere unsere Augen und unser Lächeln signalisieren dem Gegenüber »Ich mag dich und bin gern mit dir zusammen«. Wenn wir uns mit einem anderen Menschen von Herzen gut verstehen, dann geht das auch ohne viele Worte. Bei Verliebten trifft das ganz besonders zu …

Vielleicht erstaunt es Sie, in einem Mut-Mach-Buch ein ganzes Kapitel über Angst zu finden. Das soll Sie nicht erschrecken, sondern den Weg in die Mutzone komplettieren. Die Studie zeigte, dass viele von uns an Angst denken, wenn Sie Mut hören.

Angst – eine Begriffsklärung

Das Wort Angst wird abgeleitet vom lateinischen Wort »angustus« und bedeutet Enge, Beengtheit, »angere« steht für ängstigen, das Herz beklemmen.

Angst ist ein lebensnotwendiges Gefühl, ein Warnsystem, das uns vor Gefahr warnt und uns befähigt, unsere Kräfte dahin gehend zu mobilisieren, dass wir der bedrohlichen Situation entkommen können. Angst fungiert auch als Motor in unserer menschlichen Entwicklung.

Die körperlichen Angstreaktionen lassen sich unter das Motto »fight or flight« stellen: Wir sind bereit zum Kampf oder flüchten aus der Situation.

Auf der hormonellen Ebene werden u. a. die Botenstoffe Adrenalin und Noradrenalin vermehrt ausgeschüttet und sorgen dafür, dass blitzschnell Energie bereitsteht. Das Herz schlägt schneller, der Blutdruck steigt und die Durchblutung der Muskulatur wird verstärkt.

Angst gehört zu unserem Leben dazu. Es gibt altersspezifische Ängste, die völlig normal sind und die Entwicklung eines Menschen begleiten – abhängig vom jeweiligen Reifegrad. So beschreibt das auch eine Teilnehmerin:

> »Mut ist auch eine Frage des Alters. Ein Kind ist mutig, weil es keine Gefahr und keine Angst kennt. Ein junger Mensch ist in einer Gruppe sehr mutig nach außen, weil die anderen da sind. Alte Leute sind oft ängstlich und darum nicht so mutig.«
> Johanna, 77

Babys »fremdeln« im Alter von etwa 8 Monaten, weil sie langsam beginnen, vertraute von nicht vertrauten Gesichtern zu unterscheiden. In der Pubertät können körperliche und hormonelle Veränderungen dazu führen, dass man Angst bekommt, vom anderen Geschlecht abgelehnt zu werden, was auch erklärt, weshalb in diesem Reifestadium besonders häufig Essstörungen entstehen. Aber auch Schulangst tritt in dieser Phase häufig auf. Im Erwachsenenalter überwiegen Existenz- und Realängste und eben auch die Angst, nicht zu genügen. Ein schlechtes Selbstwertgefühl wirkt hier angstverstärkend, sodass es auch aus diesem Grund sinnvoll ist, sich aus der Angstzone zu bewegen, um so möglichen Angststörungen vorzubeugen. Selbstsichere Menschen haben nämlich die Fähigkeit, auf unbekannte, neue Situationen mit Neugier zu reagieren.

Wenn Angst krank macht

Es gibt die unterschiedlichsten Arten und Ausprägungen von Ängsten und Angststörungen:

- Generalisierte Angststörungen, bei denen die Grundstimmung von Angst und Unsicherheit beherrscht ist. Die Betroffenen haben ein generelles Gefühl von »Die Welt ist gefährlich«.

- Panikattacken, in denen intensive Angst episodenhaft auftritt und charakteristisch von Zittern, Erstickungsgefühlen, Schwindel und Herzrasen begleitet wird. Oft verselbstständigen sich die Panikattacken, und die Betroffenen entwickeln Angst vor der Angst.
- Spezifische Phobien, bei denen sich die Angst auf bestimmte Situationen oder Objekte richtet. Klassischerweise sind das Höhenangst, Platzangst, Angst vor bestimmten Tieren und auch vor Krankheiten und Arztbesuchen (nach Myers 2005).
- Soziale Ängste drücken sich in einer übermäßigen Ängstlichkeit in sozialen Situationen aus, in denen man Ablehnung und Geringschätzung befürchtet. Die Angst, zu versagen und sich vor anderen zu blamieren, führt häufig dazu, dass diese Menschen soziale Situationen nach und nach immer mehr vermeiden.

Wichtig für den Weg in die Mutzone ist es, dass wir den Umgang mit Angst erlernen. Wir neigen dazu, unangenehme Gefühle zu verdrängen – nach dem Motto: Was ich nicht sehe, ist auch nicht da. Leider sind diese Gefühle dann aber nicht einfach verschwunden. Im Gegenteil: Es kostet uns viel Kraft, die Emotionen zu »deckeln« und sie auszublenden. In Wirklichkeit dehnen sie sich immer weiter aus und können im schlimmsten Fall krank machen. Anschließend benötigen die Betroffenen dann sehr viel Kraft, um den Umgang mit z. B. Angststörungen zu lernen und seelisch zu gesunden.

»Ich habe vor sehr vielen Dingen Angst und muss deswegen ständig mutig sein.«

Karen, 47

Wenn Angst langsam immer mehr Raum im Leben einnimmt, dann kann sie ein guter Nährboden für weitere Krankheiten und psychische Störungen sein. Manchmal entstehen daraus auch Depressionen, und die Betroffenen verlieren den Lebensmut.

»Als derzeit schwer depressiver Mensch habe ich für mich entschieden: Ich will leben! Das bedeutet für mich: Ich habe den Mut und die Kraft zu leben.«
Axel, 48

Wichtig: Als Psychologin ist es mir besonders wichtig, Ihnen den folgenden Hinweis zu geben: Wenn ich in diesem Buch von der Angstzone spreche, so meine ich damit nicht pathologische Ängste, die einer Behandlung bedürfen. Wenn Sie feststellen, dass die Angst Sie erheblich in Ihren Gewohnheiten einschränkt und Ihren Lebensraum im wahrsten Sinne des Wortes einengt, wenn Sie eine ängstliche Grundstimmung und körperliche Symptome haben oder aber bestimmte Situationen vermeiden, dann sollten Sie sich Hilfe holen. Es gibt so viele gut ausgebildete Psychologen und Ärzte, die sich genau darauf spezialisiert haben. Fassen Sie den Mut und vereinbaren Sie einen Termin.

Mut zum Leben

Wenn die eigene Welt – durch welche Umstände auch immer – aus den Fugen gerät, kann es passieren, dass wir das Gefühl haben, die Kontrolle zu verlieren. In solchen Situationen ist es ratsam, sich gleich Unterstützung zu gönnen, damit sich die Angst nicht generalisiert und als diffuses Lebensgefühl Einzug hält. Noch besser ist es, sich gewissermaßen präventiv in die Mutzone zu begeben, sodass Sie für solche Fälle gut gewappnet sind.

Die gute Absicht

Wenn Sie Angst haben, die zwar nicht Ihr Leben dominiert, Ihnen aber das Gefühl gibt, dass Sie noch nicht in der Komfortzone sind, dann ist es wichtig, sich mit diesen Angstgefühlen auseinanderzusetzen. Werden Sie aufmerksam für Ihre Gefühle, Ihre Bedürfnisse und nehmen Sie sich ernst.

Mut-Mach-Tipp
Hören Sie auf Ihre Gefühle. Alle Gefühle haben ihre Berechtigung und eine bestimmte Bedeutung. Genießen Sie schöne Gefühle und akzeptieren Sie auch unangenehme Emotionen. Stellen Sie sich Ihren Emotionen und stehen Sie zu jedem Gefühl!

In puncto Angst: Fragen Sie sich, wofür das ängstliche Gefühl steht und welche Botschaft es für Sie übermittelt. Wenn Sie verstehen, dass Sie diesen Emotionen nicht willenlos ausgeliefert sind, sondern selber entscheiden können, wie Sie damit umgehen, dann wird es Ihnen nicht so schwerfallen, sich Ihren Ängsten zu stellen. Welches Bedürfnis möchte da mehr gehört werden?

Angst kann uns nicht nur lähmen, sondern auch Kräfte in uns freisetzen. Wir brauchen Angst, um hellhörig und wachsam zu sein – aber eben alles in Maßen.

Falls Sie sich manchmal ängstlich fühlen, so fragen Sie sich: Wovor genau haben Sie in dem Moment Angst? Was glauben Sie, wofür Ihre Angst gut ist. Wenn diese Angst Ihnen etwas sagen könnte, was wäre das wohl? Oder anders formuliert: Was ist die gute Absicht dieser Angst?

Ich möchte Ihnen ein Beispiel aus meiner Coachingpraxis erzählen.

Mut-Mach-Beispiel: Miriam, 44
Die 44-jährige Geschäftsfrau Miriam machte einen sehr souveränen und selbstsicheren Eindruck. Eloquent, lebensfroh und sehr gepflegt – so lässt sie sich in wenigen Worten beschreiben. Zumindest, solange man nicht hinter die Kulissen schaut. In Wahrheit hatte sie eine ausgeprägte soziale Angst, die sie beruflich mehr und mehr einschränkte, denn jedes Geschäftsmeeting geriet für sie zur immer größer werdenden Hürde, die sie mit einem hohen Kraftaufwand viele Jahre lang noch

nehmen konnte. Doch eines Tages wurden solche Treffen für sie zu einem unüberwindlichen Hindernis. Die Angst, sich vor seinen Geschäftspartnern durch schlechte Manieren zu blamieren, beherrschte sie so sehr, dass es ihr nicht mehr möglich war, zu derartigen Treffen zu gehen. Sie beschloss, sich Hilfe zu holen. Durch ein Intensivcoaching zeigte sich, dass sie in ihrer Jugend oft das Gefühl hatte, nicht gut genug zu sein, und sie schon immer ein bisschen Angst davor hatte zu versagen. Sie war eines von 4 Kindern in einem sehr leistungsorientierten Elternhaus. Durch das Coaching gelang es ihr, sich von dem enormen Leistungsdruck zu befreien und ihr Selbstvertrauen nachhaltig zu stärken. Sie war dadurch wieder in der Lage, locker und entspannt geschäftliche Einladungen anzunehmen.

Wenn es Ihnen gelingt, den Ursprung Ihrer Angst zu identifizieren, dann ist das der erste Schritt zur Lösung hin. Sie wissen dann, worum genau es geht, und fühlen sich nicht mehr so hilflos und ausgeliefert, sondern haben quasi den Hebel in der Hand, sodass Sie mutig agieren können.

Mut-Mach-Übung: Eine Begegnung der besonderen Art

Führen Sie ein Zwiegespräch mit Ihrer Angst. Fragen Sie, ob sie eine gute Absicht hat, und wenn ja, welche.

Die gute Absicht meiner Angst ist: ______________________

Welches Bedürfnis ist hinter dieser Absicht verborgen? Halten Sie weiter das Zwiegespräch, damit Sie herausfinden, welches Bedürfnis sich meldet, weil es sonst zu kurz kommt. Denn wenn Sie dieses Bedürfnis beim Namen nennen können, dann können Sie nun überlegen, welche alternativen Verhaltensweisen Sie noch wählen könnten. So kommen Sie ins Handeln und müssen sich nicht mehr ausgeliefert fühlen.

Alternativ könnte ich das Bedürfnis auch dadurch stillen, dass ich

1. ____

2. ____

3. ____

Denken Sie daran: Angst hat eine wichtige Funktion und kann ein guter Berater sein.

Keine Angst vor Fehlern

Das Beispiel von Miriam zeigt sehr plastisch, wie groß unsere Angst davor werden kann, einen Fehler zu machen. Doch es ist nicht wirklich der Fehler an sich, vor dem wir uns fürchten. Dahinter steckt schlicht und ergreifend die Angst, andere könnten sehen und bemerken, dass wir nicht unfehlbar sind. Das allein wäre nicht so schlimm, wenn wir nicht befürchten würden, dass uns die anderen dann nicht mehr so schätzen – so, als stünden ihnen 100 % Liebe und Sympathie für uns zur Verfügung, und der Anteil unserer Fehler würde sich wie in einer Abwärtsspirale direkt negativ auf das Ausmaß der Zuneigung und Liebe zu uns auswirken.

Wenn es uns gelingt, das eine vom anderen zu trennen und uns darauf zu verlassen, dass wir gemocht und geliebt werden – ob wir nun Fehler machen oder nicht, – dann können wir mit einer größeren Leichtigkeit durchs Leben gehen.

»Mut ist für mich eine notwendige Voraussetzung für das Meistern des Lebens. Es gibt so unzählig viele Gelegenheiten, im Leben zu versagen, dass ich mich ohne Mut nicht mehr daran versuchen würde.«
Tobias, 48

Kennen Sie den folgenden Ausspruch von Marlene Dietrich? Ich finde ihn herrlich! Er hatte so eine entlastende Wirkung auf mich, denn er zeigt, wie entspannt wir auch mit Fehlern umgehen können:

> *»Wenn ich mein Leben noch einmal leben könnte, würde ich die gleichen Fehler machen. Aber ein bisschen früher, damit ich mehr davon habe.«*
> Marlene Dietrich

Ehrlich, geht es Ihnen nicht auch so? Da haben Sie vor vielen Jahren mal einen Fehler gemacht und Sie konnten in dem Moment nur noch daran denken und fühlten sich schlecht. Vielleicht hat dieser Fehler Sie nächtelang nicht schlafen lassen, und Sie waren fest davon überzeugt, dass es ein Drama ist. Die Konsequenzen eines solchen Fehlers sind dann oftmals, dass wir uns vor ähnlichen Situationen fürchten und uns – wenn wir mal ganz ehrlich sind – da manchmal auch ein bisschen hineinsteigern. Unser Gehirn verknüpft Inhalte besonders gern und zuverlässig mit unseren Gefühlen. Wenn Sie nun an eine sehr peinliche Situation denken, dann fühlen Sie wahrscheinlich jetzt schon beim Lesen die Scham und Ihr Peinlich-Berührtsein. Deshalb ist es in einigen Situationen so wichtig, Abstand zu gewinnen, da wir sonst überhaupt nicht mehr klar denken können und von unseren Gefühlen »übermannt« werden. Gut, bei schönen Gefühlen wollen wir uns das ja unbedingt zunutze machen, um uns besser zu fühlen, aber bei negativen Emotionen wie Angst tut es gut, sich innerlich von der Situation zu distanzieren. Manchmal fordere ich meine Klienten auf, sich bei Situationen, vor denen Sie Angst haben, als Forscher im eigenen Leben und in eigener Sache zu betrachten.

Mir hilft das bei Verhandlungen, Vorträgen oder kleinen Fernsehauftritten. Solche Auftritte waren für mich ziemlich aufregend. Hätte ich mir nun vorher eingeredet, dass ich ja keinen Fehler machen darf, nur besonders kluge Sachen erzählen und professionell wirken sollte, dann hätte ich bei den Aufzeichnungen mit Sicherheit keinen einzigen Gedanken gut formulieren können, weil ich ja nur damit beschäftigt gewesen wäre, eloquent und patent »rüberzukommen«. Mit anderen Worten: Ich hätte mir selber einen solchen Druck gemacht und die Messlatte so hoch gehängt, dass ich da wirklich nie drüber gekommen wäre. Das wollte ich nicht, also freute ich mich einfach darauf, denn ich fand es wirklich toll, so eine Gelegenheit zu bekommen, und ich blendete die Kameras schlicht aus und wollte das Gespräch mit dem oder der Moderatorin genießen – mich ganz normal unterhalten, wie ich es sonst auch tue. Mit meinen Nachbarn, mit Freunden, mit anderen Menschen eben. Das war schon alles. Ich wollte ein schönes Gespräch führen. Ich schaffte es, weg von der Angst hin zu der Neugier zu kommen: »Mal sehen, wie das wird, wenn ich hier im Studio über Glück spreche.« Ja, und mit dieser Haltung konnte ich dann völlig entspannt und authentisch sein.

Mut-Mach-Rituale

Wenn Sie das nächste Mal für eine bestimmte Situation Mut benötigen, die Ihnen üblicherweise ein wenig Angst bereitet, weil Sie befürchten, dass Sie sich blamieren könnten oder Ihr Gegenüber eine nicht so gute Meinung über Sie haben wird, dann probieren Sie folgendes Ritual aus, das sehr hilfreich ist:

Stellen Sie sich vor, Sie sind ein Forscher in Ihrem eigenen Leben. Durch eine Forscherbrille blicken Sie auf diese spezifische Situation und beobachten sich nach dem Motto: »Mal sehen, was passiert, wenn ich in dieser Situation bin.«

Durch den Wechsel in die sogenannte Metaperspektive nehmen Sie sich sprichwörtlich aus dem Geschehen und beobachten nur. Sie haben keine Erwartungen an sich, sind emotional nicht direkt involviert und sind einfach neugierig. Wenn Ihnen das gelingt, dann ist Ihr Interesse an der Situation größer als die Angst davor. Sie treten wahrhaftig einen Schritt zurück und können klar denken, ohne dass Ihnen das Herz dabei bis zum Halse klopft.

Ich kann mich noch zu gut daran erinnern, wie ich das erste Mal vor über 200 Menschen einen Vortrag über Glück gehalten habe, denn da war ich schon am Vortag so nervös, dass ich keinen klaren Gedanken mehr fassen, geschweige denn mir einprägen konnte, worüber ich sprechen wollte. Dann rief meine Mutter an, und ich erzählte ihr davon, woraufhin sie lachte und zu mir sagte: »Dir kann doch gar nichts passieren. Wenn du nach Hause kommst, dann ist deine Familie immer noch da und liebt dich genauso wie immer. Deine Freunde werden dich immer noch mögen und dein Leben geht so weiter wie bisher.« Das hat mir nachhaltig geholfen. Was konnte mir schon *ernsthaft* passieren? Wissen Sie, was mir dabei so geholfen hat? Ich habe für mich noch mal geradegerückt, wer mir persönlich wirklich wichtig ist. Das hat mich völlig entspannt. Die große Menschenmenge, vor der ich große Angst gehabt hatte, bestand aus lauter Menschen, die ich ja gar nicht kannte. Nicht mich als Person, sondern den Inhalt meines Vortrags sollten sie gut finden und etwas für sich mit nach Hause nehmen. Das zu relativieren hat meine Aufregung verringert und mich entspannt.

Einer der Befragten hatte noch einen anderen Tipp parat:

»Um meine Angst vor Vorträgen zu überwinden, habe ich mich auf einem gut besuchten öffentlichen Platz auf eine Bank gestellt und eine Rede gehalten.«
Adrian, 24

Sei kein Frosch!

Kennen Sie das Märchen vom Froschkönig? »Heinrich, der Wagen bricht …« Sprengen auch Sie Ihre Ketten und springen Sie über Ihren Schatten. Eine Teilnehmerin schrieb, dass sie viel Mut für Gehaltsverhandlungen benötigt, um sich nicht unter Wert zu verkaufen. Kennen Sie so eine Situation?

Probieren Sie einmal die folgende Übung mit der Wunderfrage aus, die vom Begründer der Kurzzeittherapie Steve de Shazer stammt. Die Wunderfrage lässt Sie darüber nachdenken, was passieren wird, wenn Sie Ihre Angst vor einer bestimmten Situation überwunden haben. Sie malen sich durch diese Übung den positiven Effekt aus, und die Aussicht darauf ist dann so verlockend, dass Ihnen das Kraft gibt.

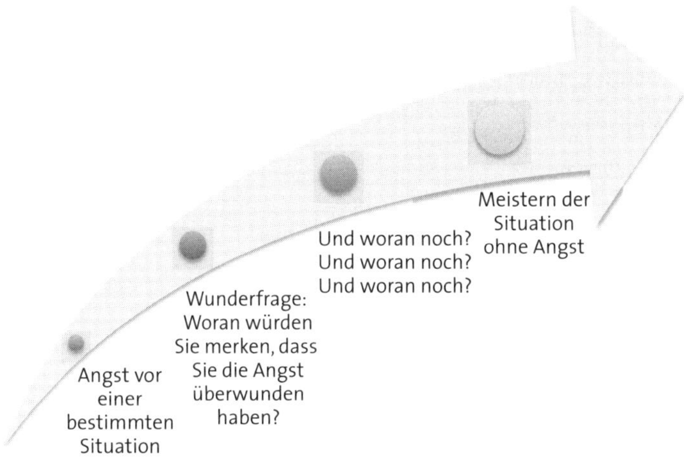

Abb. 12: Positiver Effekt der Wunderfrage

Mut-Mach-Übung: Liebes Wunder ...

Stellen Sie sich Folgendes vor: Wenn Sie heute das Buch aus der Hand legen und einschlafen, kommt über Nacht ein Wunder zu Ihnen und die Situation, vor der Sie sich fürchten, macht Ihnen plötzlich keine Angst mehr. Doch das wissen Sie noch nicht, weil Sie ja tief und fest schlafen. Am nächsten Morgen wachen Sie auf:

Vor welcher Situation hätten Sie keine Angst mehr? ___________

____

Woran merken Sie, dass das Wunder geschehen ist? ___________

____

Und woran noch? ______________________________

Und woran noch? ______________________________

Und woran noch? ______________________________

Wie fühlen Sie sich jetzt? ____________________

Und wie noch? ____________________

Und wie noch? ____________________

Und wie noch? ____________________

Wer merkt es außer Ihnen als Nächstes? ____________________

____

Und wer noch? ____________________

Und wer noch? ____________________

Und wer noch? ____________________

Was ermöglicht Ihnen das? ____________________

____

Und was noch? ____________________

Und was noch? ____________________

Und was noch? ____________________

Noch ist das Wunder nicht passiert ist, denn noch lesen Sie in diesem Buch. Angenommen, Sie könnten Ihr Wunder persönlich zu sich einladen. Wie würden Sie diese besondere Einladung gestalten und formulieren, damit das Wunder auch wirklich in seiner vollen Wirkung zu Ihnen kommt? Nutzen Sie den nachfolgenden Raum für die Einladung:

Liebes Wunder,

____

____

____________________. *Vielen Dank!*

Das wirklich Wunderbare an dieser Technik ist, dass der Fokus ganz klar auf die Lösung gerichtet wird – also weg vom Problem und hin zur Lösung. Denn wenn Sie vor etwas Angst haben, dann sind Sie vermutlich schon geübt darin, sich die beängstigende Situation wieder und wieder auszumalen. Vermutlich sind Ihrer Fantasie dabei keine Grenzen gesetzt. Ich weiß, wovon ich spreche … Aber ich weiß glücklicherweise nun auch, dass es sehr hilfreich ist, sich auszumalen, wie gut Sie sich »danach« fühlen, also nachdem Sie diese Situation erfolgreich gemeistert haben. Genießen Sie diese positive Aussicht. Ich wünsche Ihnen, dass das Wunder bald den Weg zu Ihnen findet! Denn es ist ein sehr gutes Gefühl, wenn Sie mit Ihrer Angst umgehen können, damit die Angst nicht mit Ihnen umgeht.

»Oft haben vorangegangene Situationen, in denen ich mutig war, bewiesen, dass es sich auszahlt, mutig zu sein.«
Leni, 23

Wenn wir auf positive Erfahrungen mit Mut, in denen wir unsere Angst besiegen konnten, zurückgreifen können, dann sind diese oft auch ein großer Ansporn für uns.

Geben Sie Ihrer Angst einen guten Platz

Manchmal kann es sein, dass Gefühle von Angst und Unsicherheit so viel Raum in unserem Leben einnehmen, dass wir keinen klaren und schon gar nicht einen zuversichtlichen Gedanken mehr fassen können. Die Folge: psychischer und körperlicher Stress. Für den Körper ist das kein guter Zustand. Daher ist es wichtig, diese Gefühle beherrschbar zu machen – oder anders ausgedrückt: die Angst zu externalisieren.

Mut-Mach-Beispiel: Corinna, 36

Corinna kam ins Coaching, weil sie eine große Operation vor sich hatte, deren Ausgang ungewiss war. Vor der Diagnose hatte sie verständlicherweise Angst, und diese wurde nach und nach größer, da die Operation erst in einigen Wochen geplant war und die Wartezeit sie sehr belastete. Schon im ersten Telefonat hörte ich die Angst in ihrer Stimme deutlich heraus. Während des Coachingprozesses erarbeiteten wir eine Strategie, mit der die Angst für Corinna handhabbar wurde. Das Hauptproblem bestand in dem Gefühl, dass die Angst übermächtig war und ihr kaum Platz zum Atmen ließ. Ich bat sie, mir zu zeigen, wie groß ihre Angst ist und wo im Raum sie sich befindet. Schnell wurde klar, dass die Angst einfach überall war und deshalb so beklemmend wirkte.

Manchmal beschreiben Klienten, dass die ängstlichen Gefühle besonders in den Beinen oder Knien lokalisiert sind. Doch bei Corinna war das anders, weshalb sie sich im wahrsten Sinne des Wortes davon erdrückt fühlte und sie ihre Angst so schnell wie möglich loswerden wollte. Die Klientin erzählte, dass sie schon seit frühester Kindheit mit verschiedenen Ängsten Bekanntschaft gemacht hatte. Nachdem wir – losgelöst von den momentanen Angstgefühlen – den Ursachen sowie den dahinterliegenden Bedürfnissen auf den Grund gegangen waren, wurde ihr bewusst, dass sie alle Angstgefühle – die von früher und die aktuellen – miteinander vermischt hatte und sie deswegen so gigantisch geworden waren. Für die Ängste, die sie schon seit langer Zeit begleiteten, erarbeitete sie alternative Verhaltensweisen, um den dazugehörigen Bedürfnissen Gehör zu schenken. Wichtig war, dass sie in der Lage war, ihrer Angst in die Augen zu schauen und auch die gute Absicht zu erkennen. Sie war bereit, daran weiter zu arbeiten und zu trainieren.

Blieb noch die Angst vor der OP. Ich holte eine kleine schöne weiße Box und gab sie ihr. Ich forderte sie auf, mit ihrer Angst zu sprechen und diese zu bitten, in die Box zu gehen. »Ach, und nun schmeiß ich die ganz weit weg, oder?«, fragte sie. Ich verneinte und erklärte ihr, dass die Angst ja ein Teil von ihr war und wenn sie diesen »wegschmeißt«, so würde sie ein Stück von sich wegwerfen.

Vielmehr ist die Sache mit der Box eine gute Methode, die Angst in den Griff zu bekommen. Wenn sie merkte, dass die

Angst wieder einmal übermächtig wurde, dann könnte sie sie bitten, in diese Box zu gehen. Wichtig dabei sei, dass sie dieser Box dann einen guten Platz gibt und diese Prozedur mit Worten begleitet. Wir übten das ein paar Mal gemeinsam, und sie meldete sich dann nach ihrem Krankenhausaufenthalt ganz erleichtert, denn die Diagnose war gut ausgefallen, und sie konnte sich in Ruhe erholen. Corinna berichtete mir, wie sehr ihr die Übung mit der Box geholfen hatte und dass sie dadurch viel weniger gegrübelt und sich selber zermürbt hatte. Sie erzählte mir später, wie sie mit der Angst gesprochen hat: »Liebe Angst, im Moment machst du mir sehr zu schaffen und das tut mir nicht gut. Ich benötige meine Kraft dafür, meine Familie zu versorgen, die mich braucht. Ich bitte dich deshalb, jetzt in diese Box zu gehen. Wenn ich mich besser fühle, dann schau ich dich noch mal ganz genau an, aber das ist jetzt nicht der Fall. Außerdem habe ich meine Diagnose ja noch gar nicht und möchte auch ab und an einen zuversichtlichen Gedanken fassen können. Vielen Dank!« Überhaupt war sie von der Übung sehr angetan und hatte die Box mit ins Krankenhaus genommen. Wenn jemand sie danach fragte, antwortete sie aufrichtig, dass diese Box ihr Mut mache. Corinna verriet mir, dass sie die Box nicht nur für Ängste anwendete, sondern auch andere Sorgen nun direkt ansprach. Sie lachte: »Das ist wirklich eine Zauberbox, denn da passen so viel Ängste und Sorgen hinein, unglaublich. Das sieht man der gar nicht an.«

Ich habe diese Übung »Living in a box« genannt und wende sie gern in Coachings an.

Natürlich ist es beängstigend, wenn die Gesundheit bedroht ist und eventuell unangenehme Diagnosen ins Haus stehen. Wenn die Angst allerdings so groß wird, dass der normale Alltag davon beeinträchtigt wird, dann ist »Living in a box« eine gute Möglichkeit. Denn dann hat man es nur noch mit »einer Handvoll Angst« zu tun. Wenn Sie Angst vor unangenehmen Gefühlen haben, dann müssen Sie sie nicht weiter verdrängen. Wichtig ist, dass wir uns selber ernst nehmen und unsere Gefühle akzeptieren, wenn sie da sind. Das gilt auch insbesondere für Trauer.

Mut-Mach-Ritual: Living in a box

- Wählen Sie eine schöne Box aus.
- Denken Sie an die Situation, die sie ängstigt, und lassen Sie Ihre Gefühle zu.
- Prüfen Sie, welche guten Absichten diese Gefühle haben könnten, und überlegen Sie, wodurch Sie das sich daraus ergebende Bedürfnis anders stillen könnten.
- Suchen Sie nach mehreren Handlungsoptionen.
- Sprechen Sie mit Ihrer Angst und verlagern Sie sie gedanklich in die Box.
- Suchen Sie einen guten Platz für die Box.
- Wann immer Sie sich stark genug dafür fühlen, öffnen Sie die Box und lassen die wieder aufkommenden Gefühle zu. Wann immer Sie merken, dass es Ihnen zu viel wird, schließen Sie die Box. Sie wissen, dass Ihre Gefühle noch da sind, aber sie nehmen dadurch nicht überhand.

Von der Angst, nicht zu genügen

Kennen Sie diese Angst? Hinter dieser Angst verbergen sich Gefühle von Minderwertigkeit und Unsicherheit. Oftmals stecken dahinter schlechte Erfahrungen, die wir mit unserem Verhalten gemacht haben. Es kann die unterschiedlichsten Ursachen haben, dass wir uns unwohl und unsicher fühlen:

- wenn uns die Ahnung beschleicht, jemanden enttäuscht zu haben
- wenn wir für unser Verhalten Vorwürfe kassiert haben
- wenn wir Ärger bekommen
- wenn jemand an unserem Verhalten etwas auszusetzen hat
- wenn wir uns ausgeschlossen fühlen etc.

»Sagen und machen, was ich denke, im Vertrauen darauf, dass auch die Menschen um mich herum mich nicht dafür ächten«
Loni, 55

Wenn wir uns durch Reaktionen unseres Umfelds aus irgendwelchen Gründen abgelehnt fühlen, dann kann das sukzessiv dazu beitragen, dass unser Selbstwertgefühl schrumpft oder wir gar nicht erst ein gesundes Selbstbewusstsein ausbilden konnten. Doch ein ausgeprägtes Selbstwertgefühl ist ein guter Schutzmantel für unsere Seele, denn es stärkt sozusagen unser seelisches Immunsystem, und wir nehmen uns nicht jede Äußerung von außen ungefragt zu Herzen, sondern sind in der Lage zu »filtern«, was uns wirklich berührt und was nicht. Psychologen sprechen in diesem Zusammenhang von Durchlässigkeit.

Der französische Psychiater und Psychotherapeut Christophe André beschreibt in seinem Buch *Unvollkommen, glücklich und frei* die verschiedenen Charakteristika eines gesunden Selbstwerts (André 2006):

Stabiles Selbstwertgefühl

Mit einem stabilen Selbstwert ist uns ein relativ konstantes Verhalten in den unterschiedlichsten Situationen möglich, ohne dass wir abheben oder aus der Bahn geworfen werden. Es fungiert wie eine Art »Stoßdämpfer« bei positiven oder negativen Ereignissen ebenso wie bei Lob oder Kritik.

Ein guter und hoher Selbstwert ermöglicht uns

- Authentizität, weil wir uns trauen, einfach wir selber zu sein,
- Wahlfreiheit, die Dinge zu tun oder zu lassen, die wir gern tun möchten,
- aus dem ständigen Vergleich mit anderen auszubrechen und uns auch ohne das größere Haus, die erfolgreicheren Kinder oder das neueste Auto wohlzufühlen und
- eine positive Haltung im Leben einzunehmen.

Wenn Sie befürchten, dass Sie in den Augen anderer nicht gut genug – in welcher Beziehung auch immer – sind, dann empfiehlt es sich, in die Mutzone aufzubrechen. Denn dann lernen Sie, sich selbst Anerkennung zu schenken, sich selbst anzunehmen und zu lieben. Dann können Sie das gute Gefühl genießen, Sie selbst zu sein.

Mut-Mach-Impuls:

Ich breche in die Mutzone auf, weil ...

____

Und warum noch? ______________________________

Und warum noch? ______________________________

Und warum noch? ______________________________

Auf Ihrem Weg dorthin werden Sie lernen, ein gutes Selbstwertgefühl zu entwickeln und mehr Selbstvertrauen empfinden zu können.

Der Schritt in die Komfortzone

Manchmal kostet es uns Überwindung, über unsere eigenen Grenzen zu gehen. Mit kleinen Schritten fällt das leichter. Denken Sie daran, Sie sind nicht alleine, denn Sie haben doch sich und das ist mehr, als sie denken!

Wenn Sie dynamisch einen Schritt nach vorn gehen, dann gelangen Sie in die Komfortzone.

Die Komfortzone

»Es geschieht zu jeder Zeit etwas Unerwartetes;
unter anderem auch deshalb ist das Leben so interessant.«
Marie von Ebner-Eschenbach

Gemütlich oder bequem?

Kennen Sie das »Teekesselchen«-Spiel? »Mein Teekesselchen ist …« Dabei geht es darum, ein Wort zu erraten, das mehrere Bedeutungen hat. So wie z. B. Blume und Blume. Oder für die Fortgeschrittenen: Glück und Glück, zum einen im Sinne von Glück haben und zum anderen im Sinne von Glück empfinden. Komfort steht für Behaglichkeit und Bequemlichkeit. Bei dem Wort »bequem« fällt mir dieses Spiel immer ein, denn für mich ist es ein Teekesselchen: Einerseits steht es für Gemütlichkeit, andererseits kann es auch bedeuten, dass jemand zu faul oder eben »zu bequem« ist, etwas zu tun. Diese beiden Interpretationen ergeben die Zweideutigkeit des Wortes Komfortzone.

Wenn wir das Hotel im Urlaub, den Sitzkomfort im Auto, die Liegeeigenschaften unseres Bettes als komfortabel und bequem bezeichnen können, so gefällt uns das. Wir kuscheln uns in unser Leben ein wie in einen gemütlichen Sessel und sind im Großen und Ganzen zufrieden. Komfort ist ein bisschen mehr als Standard, aber immer noch so, dass es zu unserem Alltag passt. Nur nicht aus der Reihe tanzen. In der Komfortzone finden wir Sicherheit, Halt und Orientierung – das sind alles Eigenschaften, die für Stabilität im Leben sorgen. Die Tagesabläufe sind weitestgehend übersichtlich geregelt. Morgens um halb sieben aufstehen, Frühstück machen, die Kinder zur Schule fahren … Auch die Abende sind geregelt: montags Sport, dienstags mit

Freunden treffen, mittwochs gemütlich fernsehen, donnerstags mal nichts und freitagabends die Doppelkopfrunde. Am Wochenende Ausflüge mit der Familie und der Garten muss auch mal gemacht werden … Es ist einfach bequem für uns.

Die Komfortzone

Das Leben in der Komfortzone bietet uns Halt und Geborgenheit. Wir fühlen uns in unserem Leben »zu Hause« und kennen uns gut mit den Menschen und Dingen unseres Alltags aus. Wir wissen einfach, wie unser Leben so funktioniert. Kurzum, in der Komfortzone ist die Welt für uns noch in Ordnung, denn hier finden wir Stabilität – jedenfalls oberflächlich betrachtet. Es gibt für uns *eigentlich* keinen Anlass, die Komfortzone zu verlassen, es sei denn, wir sind unzufrieden oder spüren eine innere Unruhe, die wir nicht in Worte fassen können. Wir fühlen uns von unseren Gewohnheiten eingeengt, Langeweile greift Raum in unserem Leben oder aber wir möchten neue Erfahrungen machen, neue Ziele erreichen, neue Wege gehen oder uns weiterentwickeln.

Neben dem alltäglichen Rhythmus haben sich in der Komfortzone allerdings unter Umständen auch unbewusst Gewohnheiten breitgemacht, die uns einengen und für die wir uns nicht wirklich bewusst entscheiden würden. Denn Vertrautheit muss nicht automatisch Zufriedenheit bedeuten. Es kann auch eine »Schein-Behaglichkeit« sein, bei der das Leben so ein bisschen vor sich hinplätschert, und wir plätschern einfach mit – tagein, tagaus, jahrein, jahraus. Die Zeit geht ins Land und wir gehen mit. Vielleicht weil wir es so mögen, vielleicht weil andere es so von uns erwarten, vielleicht auch einfach, weil wir keine Energie für Veränderungen aufbringen wollen, denn das würde nur für Unruhe sorgen. Dann hören wir uns sagen: »Kinder, wie die Zeit vergeht, wer hat an der Uhr gedreht?« Und alle anderen nicken verständnisvoll …

Verstehen Sie mich nicht falsch: Wenn es das Leben ist, das Sie sich wünschen, dann ist das wunderbar. In den Jahren, in denen unser Leben auf höchst anstrengende, fordernde Weise sehr turbulent verlief, haben mein Mann und ich uns nichts mehr gewünscht als einen gleichförmigen Alltag – ein Leben, das in weiten Teilen vorhersehbar ist und dem wir uns gewachsen fühlen. Ein Leben, in dem wir uns einfach wohlfühlen. Deshalb: Nichts gegen Alltag! Auch heute genießen wir unseren Alltag. Ich möchte nicht zu den Menschen gehören, die sich von Urlaub zu Urlaub hangeln und sich ihr Leben wegwünschen, um endlich wieder aus ihrem Alltag ausbrechen zu können. Eine Freundin erzählte mir einmal, dass sie ihren Alltag als Leben in einem unsichtbaren Käfig empfindet. Und dass sie sich wünschte, endlich auszubrechen. Das hat mich sehr erschreckt. Gerade in den ersten Lebensjahren meiner Tochter habe ich mir geschworen, dass ich um alles in der Welt mein Leben so einrichten werde, dass ich meinen Alltag schätzen und genießen kann und ihn nicht als öd und grau oder gar als unsichtbaren Käfig empfinde, sondern dass ich ihn nach meiner Façon gestalte. Und das tue ich – jeden Tag!

Mut-Mach-Impuls:

An meinem Alltag mag ich, dass …

____

Und was noch? ____________________________

Und was noch? ____________________________

Und was noch? ____________________________

Die Sache mit dem »eigentlich«

Wer sich in der Komfortzone befindet und sich damit nicht so wohlfühlt, benutzt oft »eigentlich«. Achten Sie einmal darauf. Das kleine Wörtchen »eigentlich« ist von ganz besonderer Bedeutung hinsichtlich unseres Mutigseins. Die Sache mit dem »eigentlich« ist nämlich nur allzu oft ein echter Mut-Hemmer und wirkt wie eine Blockade – eine Blockade im Denken, eine Blockade im Fühlen und auch eine Blockade im Verhalten.

Kennen Sie das auch? Sie würden ja *eigentlich* gern etwas ändern, aber Sie trauen sich nicht wirklich? Sie würden *eigentlich* gern mehr Sport treiben, aber Sie sind ein bisschen zu bequem dazu? Sie würden *eigentlich* gern gesünder leben, aber morgen ist ja auch noch ein Tag? Sie würden *eigentlich* gern weniger fernsehen, aber Sie sind abends zu müde, um sich noch aufzuraffen? Sie würden *eigentlich* ganz gern in einer anderen Stadt wohnen, in einer anderen Firma arbeiten oder in einem ganz anderen Beruf arbeiten, aber Sie trauen sich nicht? Sie würden sich *eigentlich* gern selbstständig machen, haben aber nicht den Mut dazu? Sie würden *eigentlich* gern aufrichtiger in Beziehungen sein oder an einer Freundschaft *eigentlich* etwas verändern, aber Sie trauen sich nicht? Sie würden *eigentlich* gern endlich einmal »Nein« sagen, aber Sie sagen zu allem und jedem »Ja und Amen«?

Das Problem mit dem Wort *eigentlich* besteht darin, dass es so eine Art eingebautes Hindernis beinhaltet. Sie möchten dann gern auf eine bestimmte Art und Weise handeln, aber Sie werden das kaum in die Tat umsetzen, weil Sie über das Hindernis nur sehr schwer hinwegkommen. Anders formuliert: Wenn Sie an einer Weggabelung und somit vor der Entscheidung stehen, ob Sie rechts oder links abbiegen, dann ist ein »*eigentlich*« nicht sehr zweckdienlich. Denn Sie müssen sich an einer Gabelung nun mal entscheiden, weil Sie nicht die Option haben, geradeaus weiterzugehen. Wenn Sie *eigentlich* lieber rechts abbiegen würden, sich dann aber doch für links entscheiden, dann sind Sie in der entgegengesetzten Richtung unterwegs, als es Ihre ursprüngliche Intention war. Ganz klar, Sie kommen dann keinesfalls dahin, wo Sie gern hin möchten. Dieser Weg kann zwar dennoch akzeptabel sein, denn Umwege erhöhen ja bekanntlich die Ortskenntnis. Wenn Sie das in Ihrem Leben aber immer wieder so handhaben, wird das irgendwann zu einer latenten Unzufriedenheit führen und zu Erschöpfung, denn Sie leben dann das Gegenteil von dem, was Sie *eigentlich gerne* leben würden.

Mut-Mach-Übung: Eigentlich ...

Überlegen Sie für sich, was Sie eigentlich gern machen würden, wozu Sie sich aber noch nicht wirklich bewusst entschieden haben.

1. ________________________________

2. ________________________________

3. ________________________________

Fahren mit angezogener Handbremse

... macht keinen Spaß. Haben Sie das einmal ausprobiert? Wenn Sie in der Komfortzone sind und eigentlich Lust auf Neues haben, dies aber nicht verwirklichen, dann ist es wie Fahren mit angezogener Handbremse – es macht keinen Spaß. Es führt nicht zu mehr Lebensfreude. Das verrückte daran ist, dass wir es selber sind, die die Handbremse ziehen. Kein anderer.

Wenn ein neuer Klient zum Coaching kommt, frage ich ihn nach seiner Motivation. Tom, einer 34-jähriger Geschäftsmann, erzählte mir dazu die Geschichte von Peter, seinem früheren Lieblingskollegen. Er wolle nicht wie Peter weiter mit angezogener Handbremse durch sein Leben fahren, weil es ihm einfach keinen Spaß mehr machte. Tom hatte Peter während seiner Ausbildung kennengelernt. Er war beeindruckt von Peter, denn er war nicht nur ein paar Jahre älter und hatte schon viel Berufserfahrung sammeln können, sondern er lebte bereits mit seiner Freundin in einer coolen kleinen Wohnung und war stolzer Besitzer eines Mini. Sie verstanden sich auf Anhieb großartig und verbrachten die Mittagspausen miteinander. In den Pausen philosophierten sie oft darüber, wie sie sich – jeder für sich – das Leben und die Zukunft vorstellten. Peter mochte seinen Job eigentlich, war aber hochgradig frustriert, weil ihm die Arbeit in diesem Büro keinen Spaß machte.

So überlegte er sich, dass er sich doch lieber als Feuerwehrmann bewerben wollte, weil ein Freund von ihm bei der Berufsfeuerwehr war. Wochenlang beschäftigte ihn dieses Thema, und er schilderte Tom das aufregende Leben eines Feuerwehrmanns in allen Facetten. Eines Tages erzählte er ihm, dass er ja gern Feuerwehrmann werden würde, es aber doch als zu gefährlich erachtete. Dann kam er mit der Idee um die Ecke, als Autoverkäufer zu arbeiten, denn ein Freund von ihm arbeitete im Autohaus und verdiente gutes Geld. Außerdem war Peter von der Arbeit und zwei Kollegen so genervt, dass er schon leichte gesundheitliche Probleme bekam. Es war interessant für Tom, während der Mittagspause in die Welt von Autoverkäufern einzutauchen. Peter erzählte ihm, dass er in der darauffolgenden Woche ein Gespräch bei einem Autohaus hatte. Tom drückte ihm natürlich fest die Daumen und war ganz gespannt, wie es für seinen Kollegen laufen würde. Am folgenden Montag erzählte Peter ihm jedoch, dass Autos doch nicht so sein Ding seien und er den Termin deshalb nicht wahrgenommen habe. Glücklicherweise hatte er jedoch am Wochenende einen alten Kumpel wiedergetroffen, der sich als Versicherungsvertreter selbstständig gemacht hatte, was Peter sehr beeindruckte. Das war's: Er würde sich selbstständig machen. Sie können es sich sicherlich schon denken, worüber die beiden in den nächsten Wochen sprachen, zumal Peters Frust im Job kontinuierlich zunahm. Als Tom ein Studium aufnahm und während seiner Semesterferien wiederholt in dem Bamberger Büro arbeitete, traf er Peter jedes Mal wieder. Dieser hatte inzwischen großen Ärger mit einem seiner Vorgesetzten, ging regelmäßig zum Autogenen Training, meditierte im Büro, wenn der Stress überhandnahm, und träumte weiterhin von beruflichen Veränderungen. Nachdem sie sich einige Jahre lang aus den Augen verloren hatten, trafen sie sich eines Tages zufällig wieder. Peter kam gerade aus der Klinik, wo er wegen seines Burn-outs behandelt worden war und hoffte, zukünftig nur noch halbtags arbeiten zu können. Die Begegnung hatte Tom nachhaltig beeindruckt, denn er war bis dahin auch eher mit angezogener Handbremse gefahren. Er hatte sich daraufhin jedoch vorgenommen, dass er mithilfe eines Coachings mehrere Alternativen für sich durchdenken und ausprobieren wollte, weil nun die Zeit für eine bewusste Berufsentscheidung gekommen war, um nicht 20 Jahre und mehr in einer frustrierenden Sackgasse festzustecken.

Mut-Mach-Impuls:

Ich möchte nicht mit angezogener Handbremse unterwegs sein, deshalb werde ich …

____

Und was noch? ________________________________

Und was noch? ________________________________

Und was noch? ________________________________

Ich würde ja gern, aber …

»Leute mit Mut und Charakter
sind den anderen Leuten immer sehr unheimlich.«
Hermann Hesse

Ein weiteres kleines Wort, das uns mit angezogener Handbremse fahren lässt, ist das Wort »aber«. Ich würde ja so gern, *aber* es geht eben nicht, weil … Ich wäre so gern dabei, *aber* … Ich möchte mich ja gern ehrenamtlich engagieren, *aber* …

Wir sind üblicherweise sehr erfinderisch, was unsere Fähigkeit angeht, Ausreden zu kreieren. Und wir glauben uns das auch wirklich! Allerdings: Wir lügen uns dabei wie Peter oftmals fleißig selber in die Tasche. Zur Not nehmen wir auch gern noch mehr Taschen mit, in die wir hineinlügen können. Daran haben wir dann zwar schwer zu tragen, aber das scheint immer noch leichter zu sein, als etwas zu verändern – wenigstens auf den ersten Blick.

Veränderungen bringen im Leben immer noch gewisse Nebenwirkungen mit sich. Selbst wenn Sie nur etwas in Ihrem Leben ändern möchten und andere damit nichts zu tun haben, so hat Ihr Verhalten dennoch auch indirekt einen Einfluss auf die Menschen in Ihrem Umfeld.

Es gibt wirklich wenige Hindernisse, die unüberwindbar sind. Streichen Sie das Wort »aber« aus Ihrem Wortschatz. Ein »aber« schränkt uns ein. Die wirkliche Frage ist, wie groß unser Schweinehund ist – oder eben unsere Angst. Für eine größere Veränderung müssen wir einen Teil unserer Gewohnheiten eintauschen – und auch einen Teil unserer vermeintlichen Sicherheit. Sicherheit ist aus meiner Sicht ohnehin nur vordergründig. Im Leben gibt es keine Sicherheit.

Welche Veränderungen Sie auch planen und mit welchen neuen Projekten Sie liebäugeln: Überlegen Sie, welch positiven Effekt diese für Sie haben werden. Und haben Sie Geduld mit sich. Hirnforscher wissen, dass wir etwa sechs bis acht Wochen brauchen, bis wir dauerhaft in der Lage sind, neue Gewohnheiten zu etablieren.

Doch was macht ein Verhalten zur Gewohnheit? Wenn bestimmte Handlungsmuster nach einem stereotypen Schema ablaufen, ohne dass wir bewusst darüber nachdenken müssen, dann sprechen wir von Gewohnheit. Jede Gewohnheit war anfänglich ein Bewegungsablauf, den wir eingeübt haben. Denken Sie einmal an Ihren Schlüsselbund. Sicher haben Sie einen festen Platz dafür, den Sie irgendwann einmal dazu auserkoren haben. Wahrscheinlich eine Schublade, einen Haken oder eine Schale. Nun stellen Sie sich einmal vor: Sie kommen an einem verregneten Tag nach dem Einkaufen nach Hause, das Telefon klingelt, mit einem Fuß stupsen Sie schnell noch die Tür zu, schmeißen Ihre Jacke auf die Treppe und legen Ihren Schlüssel auf dem Weg in die Küche an seinen Platz. Sie gehen ans Telefon, packen anschließend die Einkäufe aus und lassen den Hund vor die Tür. Wenn Sie nun jemand fragen würde, wo Sie Ihren Schlüsselbund gelassen haben, dann müssten Sie sicher nicht lange darüber nachdenken: »Da, wo er immer ist.« Auch wenn

Sie sich nicht mehr bewusst an den Moment des Ablegens erinnern können: Diesen Ablauf haben Sie so automatisiert, dass er Ihnen nicht mehr bewusst ist. Wir Menschen sind Gewohnheitstiere und agieren und reagieren oft nach ein und demselben Schema. Das ist das Wesen der Komfortzone. Wenn Sie schon mehrmals versucht haben, eine Gewohnheit zu ändern – und das ohne Erfolg –, werden Sie vielleicht über kurz oder lang resignieren. Dann ist es günstig, wenn man ein Erfolgserlebnis hat und dessen motivierende Wirkung für das nachhaltige Ändern eines Reaktionsmusters nutzt.

»Seinen eigenen Weg gehen und sich nicht beirren lassen; gerade in Situationen, in denen es unangenehm wird, weil andere gegen einen sind oder bedrohliche Situationen entstehen. Das bedeutet ja nicht, unbelehrbar zu sein. Im Gegenteil, manchmal gehört ja auch Mut dazu, seine Meinung zu ändern.«
Greta, 41

Doch warum fällt es uns so schwer, mit lieb gewordenen Gewohnheiten zu brechen? Dafür gibt es zwei wesentliche Gründe: Einer ist, dass es uns viel Aufmerksamkeit kostet, denn wir müssen *bewusst* **ein** neues Verhalten oder Denken einüben und gleichzeitig *bewusst* bereits erlernte Verhaltens- oder Denkmuster wieder »verlernen«. Ein weiterer Grund liegt darin, dass es sich anfangs »komisch« anfühlt, wie ein kleines Experiment beweist: Nehmen Sie Ihre Uhr ab und binden Sie sie nun um den anderen Arm. Wie fühlt sich das an? Ganz fremd, oder? Wir bevorzugen eine bestimmte Seite, weil wir uns daran gewöhnt haben und uns das vertraut ist. Daran etwas zu ändern fühlt sich zunächst fremd, wenn nicht sogar falsch an.

Mut-Mach-Tipp

Auch wenn es nicht leicht ist, seine Gewohnheiten zu ändern: Unmöglich ist es auch nicht! Sie schaffen das, wenn Sie es wirklich wollen. Sammeln Sie eine erste positive Erfahrung und ändern Sie zunächst eine unbedeutende alltägliche Gewohnheit, bevor Sie an sich an ein größeres, Ihnen wichtiges Projekt machen.

Mit welcher Hand putzen Sie Ihre Zähne? Gut, dann wechseln Sie ab heute Abend die Hand. Wenn Sie das einige Wochen lang durchhalten, dann werden Sie sehen, dass es Ihnen nicht mehr komisch vorkommt. Sie können auf den Übungseffekt vertrauen. Nutzen Sie die beflügelnde Wirkung für größere Projekte!

Alles grundlegend Neue »mischt« unser Leben auf – mal mehr, mal weniger. Ob es ein geplanter Auslandsaufenthalt ist, ob wir jedes Mal ein neues Restaurant ausprobieren, ein neues Hobby anfangen oder neue Freunde finden, wir wachsen damit ein Stück aus unserer Komfortzone hinaus … Gehen Sie in kleinen Schritten voran und ziehen Sie aus den wachsenden Erfolgen Selbstbewusstsein.

Nicht vergessen: Wir wünschen uns ja alle die Unterstützung von »den anderen«. Der Erfolg von Diät-Klubs und Gruppentherapien beruht darauf, dass wir nicht allein im Boot sitzen, sondern Zuspruch von anderen erhalten. Nun müssen Sie nicht für jede neue Verhaltensweise einem Klub oder einer Gruppe beitreten, aber suchen Sie sich einen Mentor, der in Ihr Vorhaben eingeweiht ist und zu dem Sie gehen können, wenn Sie merken, dass Sie »schwächeln«. Vorzugsweise wählen Sie jemanden aus, der das, was Sie vorhaben, bereits erfolgreich geschafft hat. Sie werden merken, wie gut das tut – und zwar Ihnen beiden: Dem Mentor, weil er Ihnen als Modell dient und ihm so nochmals bewusst wird, was ihm gelungen ist, und Ihnen, weil Sie wissen, dass es geht und Sie ihn nach Strategien fragen können!

Mut-Mach-Übung: Ich würde ja gern und drum mach ich das auch ...

Schreiben Sie zu jedem der nachfolgenden Lebensbereiche einen Aspekt auf, der eine Ausdehnung Ihrer Komfortzone bedeuten würde. Was würden Sie gern mal – anders – machen? So richtig von Herzen gern? Vielleicht gibt es auch etwas, was Sie sich schon seit Jahren vorgenommen haben, aber ... ☺ Nur mal angenommen, es gäbe dieses »aber« nicht, was würden Sie gern machen? Trauen Sie sich und schreiben Sie es auf!

Familie	• ________________
Hobby	• ________________
Beruf	• ________________
Gesundheit	• ________________

Wählen Sie nun den Bereich aus, der Sie am meisten anlacht und mit dem Sie beginnen werden. Tragen Sie nun den Namen der Person ein, die Sie zu Ihrem Mentor machen möchten.

Als Nächstes tragen Sie das heutige Datum, das Datum in 4 Wochen und das Datum in 8 Wochen ein.

Heute: ________ In 4 Wochen: ________ In 8 Wochen: ________

Vereinbaren Sie noch heute mit Ihrem Mentor für diese Tage kurze Termine von ca. 15 Minuten, ob telefonisch oder persönlich, in denen Sie über Ihren Fortschritt sprechen und auch über eventuell auftretende Schwierigkeiten. Diese Termine sind wie Bojen im Meer und geben Ihnen Halt.

Schluss mit der Fassadenexistenz: Ein Blick hinter die eigenen Kulissen

»Es gibt nichts Schöneres, als geliebt zu werden, geliebt um seiner selbst willen oder vielmehr trotz seiner selbst.«
Victor Hugo

Wer möchte nicht um seiner selbst willen geliebt werden? Wir wünschen uns das alle. Und – lieben Sie sich selbst? Wenn ja, so wie Sie sind oder so wie Sie gern wären? Kennen Sie die Begriffe Selbstwahrnehmung und Fremdwahrnehmung?

Unter **Selbstwahrnehmung** verstehen wir die Wahrnehmung unseres Selbst; es ist das Bild, das wir von uns haben. Die Selbstwahrnehmung ist die Summe unserer Wahrnehmungen hinsichtlich unseres Fühlens, Denkens und Handelns. Beeinflusst wird sie durch bewusste und unbewusste Motive und Gedanken. **Fremdwahrnehmung** beschreibt, wie andere uns wahrnehmen, welches Bild sie von uns haben. Das Bild machen sie sich aufgrund dessen, was von uns für sie sichtbar und hörbar ist. Allerdings wird die Fremdwahrnehmung sicherlich auch durch die Interpretation der anderen beeinflusst, sodass hier auch mit einfließt, welche Bedeutung die anderen unserem Verhalten und unseren Äußerungen zuschreiben. Das, was wir von anderen über uns gespiegelt bekommen, kann für uns wertvoll sein, denn so erfahren wir etwas über unsere Wirkung auf andere. Wir müssen dabei jedoch berücksichtigen, dass die anderen auch wiederum bewusste oder unbewusste Motive haben.

Wenn eine zu große **Diskrepanz zwischen Selbst- und Fremdwahrnehmung** besteht, kann es zwischenmenschlich kompliziert werden. Denn dann prallen zwei unterschiedliche Bilder aufeinander. Nun stellt sich die Frage, wie es zu dieser Diskrepanz kommen kann. Vielleicht zeigen wir den anderen bewusst ein anderes Bild von uns, von dem wir denken, dass es attraktiver oder besser ist als das wirkliche. Das kann auch unbewusst geschehen – vielleicht, weil wir uns selber nicht besonders gut leiden können und lieber eine Rolle spielen, die mehr

Applaus bekommt. Im schlechtesten Falle sind wir dann das, was Erich Fromm als **Fassadenexistenz** bezeichnet. Das bedeutet, wir verstellen uns und trauen uns nicht, so zu sein, wie wir sind. Wir sind nicht authentisch. Wir verleugnen ein Stück weit unsere Persönlichkeit und leben damit im Grunde genommen gegen unsere Bedürfnisse. Dafür haben wir unsere guten Gründe – aber sind die wirklich gut? In Wahrheit betreiben wir damit Verrat an uns selbst und leiden dann darunter.

Lassen Sie uns einen Blick hinter die eigenen Kulissen werfen: Welches Bild haben Sie von sich selbst? Was denken Sie, wie Sie sind?

Mut-Mach-Übung: Mein Blick hinter die eigenen Kulissen

Nur Sie können wirklich wissen oder erahnen, wer und wie Sie sind. Kommen Sie sich selbst auf die Spur, dann fällt es Ihnen leichter, Abschied von Ihrer Fassadenexistenz zu nehmen. Wie sehen Sie sich selbst und warum haben Sie diese Assoziation? Tragen Sie es in diese Tabelle ein.

Wenn ich ...

... ein Tier wäre, wäre ich ______________________, weil ...

... eine Farbe wäre, wäre ich ______________________, weil ...

... ein Instrument wäre, wäre ich ___________________, weil ...

... eine Märchenfigur wäre, wäre ich ________________, weil ...

... eine Pflanze wäre, wäre ich _____________________, weil ...

... ein Musikstück wäre, wäre ich ___________________, weil ...

... ein Kunstwerk wäre, wäre ich ____________________, weil ...

Diesen Blick hinter die Kulissen können Sie noch durch eine interessante Variante erweitern, indem Sie Ihren Mentor oder einen Freund bitten, die Tabelle ebenfalls für Sie auszufüllen.

Mut-Mach-Übung: Ein »fremder« Blick hinter die eigenen Kulissen

Verabreden Sie sich mit einem Freund und bitten Sie ihn, die Sätze zu vervollständigen. Die Antworten tragen Sie dann ebenfalls in diese Tabelle ein.

Wenn du ...

... ein Tier wärst, dann wärst du: ______________, weil ...

... eine Farbe wärst, dann wärst du: ______________, weil ...

... ein Instrument wärst, dann wärst du: ____________, weil ...

... eine Märchenfigur wärst, dann wärst du: __________, weil ...

... eine Pflanze wärst, dann wärst du: _____________, weil ...

... ein Musikstück wärst, dann wärst du: ____________, weil ...

... ein Kunstwerk wärst, dann wärst du: _____________, weil ...

Fragen Sie ihn, warum er so geantwortet hat, denn dann erhalten Sie zusätzliche Informationen und können besser verstehen, wie es zu den Antworten gekommen ist. Nun vergleichen Sie Ihre Antworten mit diesen Antworten. Schauen Sie, welche Gemeinsamkeiten und welche Unterschiede es gibt, und sprechen Sie gegebenenfalls auch mit dem Freund darüber. Sie können so üben, sich nicht für das zu rechtfertigen, was Sie sind und wie Sie denken. Lassen Sie Ihren Eindruck über sich einfach mal so stehen. Das dürfen Sie!

»Und wenn du den Eindruck hast, dass das Leben Theater ist, dann such dir eine Rolle aus, die dir so richtig Spaß macht.«
William Shakespeare

Wir spielen oftmals unbewusst die Rolle, die andere von uns erwarten, statt es mehr mit Shakespeare zu halten.

Mut-Mach-Übung: Die tolle Rolle

Auf die Frage, was ihm möglich wäre, wenn er sehr mutig wäre, antwortete ein Teilnehmer, dass er gern König von Deutschland wäre ... Gut, das ist vielleicht ein bisschen unrealistisch, aber was wäre für Sie eine tolle Rolle? Wenn Sie schon eine Rolle spielen, dann brauchen Sie ja nicht den tragischen Helden zu spielen, sondern Sie können sich für eine glückliche Rolle entscheiden.

Wenn Sie eine »tolle Rolle« spielen dürften, welche wäre es? Schreiben Sie 10 Adjektive auf, die Ihnen zu Ihrer tollen Rolle einfallen. Überlegen Sie nicht lang, sondern schreiben Sie spontan auf, was Ihnen in den Sinn kommt.

Eigenschaften meiner »tollen Rolle« sind:

____

____

____

____

Hat Ihnen diese Übung Spaß gemacht? Haben Sie eine Rolle für sich gefunden, mit der Sie dann öfter mal so richtig aus der Rolle fallen können?

Wie sieht es unter Ihrem Teppich aus?

»Es ist gefährlich, anderen etwas vorzumachen, denn es endet damit, dass man sich selbst etwas vormacht.«
Eleonora Duse

Wer in der Komfortzone lebt, neigt dazu, ganz viel unter den Teppich zu kehren – ganz viel von sich: die eigenen Träume, die eigene Meinung, die eigenen Interessen und sogar Teile der Persönlichkeit. Das alles gesellt sich dann zu nicht ausgesprochenen Konflikten und Enttäuschungen und ergibt mit der Zeit eine explosive Mischung.

Ich weiß ja nicht, ob Sie schon einmal etwas im wahrsten Sinne des Wortes unter den Teppich gekehrt haben? Vielleicht als Sie es sehr eilig hatten und wussten, dass gleich der Besuch vor der Tür steht, der Tisch noch nicht gedeckt war und Sie sich aber noch aufhübschen wollten? Eilig die restlichen Krümel zusammengefegt und dann – als es keiner sah – schwupps, das Ganze mal eben unter den Teppich gekehrt?

Nun, mit echten Krümeln mag das ja gehen, aber wenn Sie das in Bezug auf sich tun, dann sehen Sie ja nicht, ob da noch Platz unter dem Teppich ist. Sie fegen immer mal wieder etwas drunter, und eines schönen Tages gibt es dann vielleicht einen Knall und Sie haben die Nase voll von Ihrem Leben. Vielleicht reagieren Sie über oder reagieren sich an anderen ab. Daraus kann sich eine innere Unruhe oder sogar ein Burn-out-Syndrom entwickeln. Das sind keine guten Aussichten. Deshalb empfiehlt es sich, von Zeit zu Zeit den persönlichen Teppich anzuheben und darunterzuschauen. Wenn Sie darin noch ungeübt sind, ist das gar nicht so einfach und kostet etwas Mut. Aber glauben Sie mir: Es ist eine Frage der Übung.

Mut-Mach-Ritual: Weg mit dem Teppich!

- Kehren Sie nichts unter den Teppich. Falls es sich doch einmal nicht vermeiden lässt, dann tun Sie es nicht länger als ein paar Tage.
- Etablieren Sie einen festen Tag in der Woche, an dem Sie sich die Zeit nehmen, unter den Teppich zu schauen.
- Gehen Sie gedanklich die Situationen durch, in denen Sie nicht ganz ehrlich waren oder aus Angst vor einem Konflikt nicht Ihre Meinung vertreten haben.
- Wenn Ihnen eine solche Situation einfällt, dann seien Sie milde mit sich! Sie können ja üben, zu sich zu stehen. Beginnen Sie mit jemandem, bei dem Ihnen *eigentlich* nichts passieren kann.
- Wer war Ihr Gegenüber, mit dem Sie nicht ganz aufrichtig sein mochten? Jemand aus Ihrer Familie, aus der Nachbarschaft, ein Kollege, ein Freund? Was, denken Sie, haben Sie zu befürchten, wenn Sie die Wahrheit sagen würden?
- Denken Sie an eine Situation, in der Sie sich stark gefühlt haben und ganz ehrlich waren, in der dieses Verhalten mit guten Konsequenzen für Sie verbunden war. Finden Sie ein Symbol, das Sie an Ihre Stärke erinnert.
- Nachdem Sie sich das bewusst gemacht haben, nehmen Sie sich vor, beim nächsten Mal Ihre Meinung zu vertreten. Das muss ja nicht aggressiv sein, Sie können es freundlich sagen und dabei ganz bei sich bleiben.
- Denken Sie an das Symbol und sagen Sie: »Ich sehe das anders! Meiner Meinung nach ist es ...«
- Wenn Sie den anderen nicht angreifen oder kränken, sondern nur über sich und Ihre Gefühle sprechen, bleiben Sie sich treu, dehnen Ihre Komfortzone schon wieder ein Stück aus und müssen sich nicht vor dem Knall fürchten. Wenn Sie dann eines Tages in Ihrer Mutzone sind, brauchen Sie Ihren Teppich nicht mehr.

Denken Sie noch einmal an das Gedicht von Charlie Chaplin *Als ich mich selbst zu lieben begann.* Wenn Sie nichts mehr unter den Teppich kehren, dann gibt es einen Weg aus der Abwärtsspirale: Fangen Sie an, zu sich selbst zu stehen und auf Ihre Bedürfnisse zu hören. Seien Sie wachsam in eigener Sache. Dehnen Sie Ihre Komfortzone so weit es geht aus. Alles kann, nichts muss! Denken Sie an Pippi Langstrumpf: »Ich mache mir die Welt, widdewidde, wie sie mir gefällt …« Damit bringen Sie eine Aufwärtsspirale in Gang:

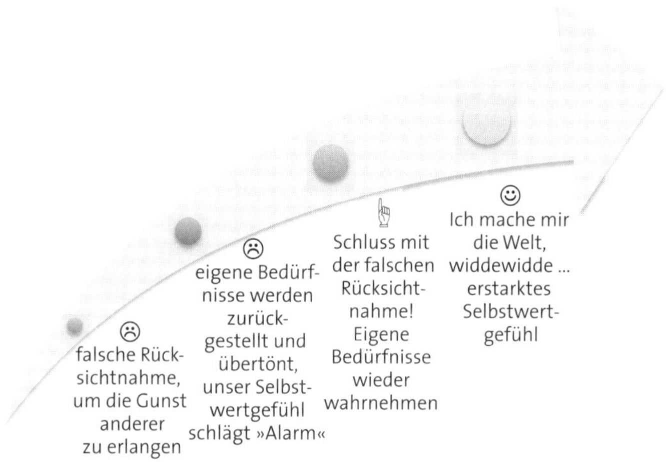

Abb. 13: Aufwärtsspirale für das Selbstwertgefühl

Damit Ihr Selbstwertgefühl dauerhaft stark werden kann, empfiehlt es sich, regelmäßig unter den eigenen Teppich zu schauen.

Mut-Mach-Impuls:

Ich schaue unter meinen Teppich, damit …

____

Und warum noch? ____________________________

Und warum noch? ____________________________

Und warum noch? ____________________________

Von der falschen Rücksicht

»Takt ist eine schreckliche Sache.
Wenn man ihn nicht hat, regt sich jeder auf.
Wenn man ihn hat, merkt es kein Mensch.«
Shirley MacLaine

Charakteristisch für ein Leben in der Komfortzone ist die falsche Rücksichtnahme, die sich ebenfalls in »unechtem« Verhalten manifestiert. Um es »den anderen« recht zu machen und nicht in ihre Missgunst zu fallen, versuchen wir im vorauseilenden Gehorsam, rücksichtsvoll zu sein. Mit solchen Verhaltensweisen setzen wir die **Abwärtsspirale** erneut in Gang. Denn wir nehmen ja nicht Rücksicht auf unsere Bedürfnisse – im Gegenteil, wir verdonnern sie dazu, sich unauffällig im Hintergrund zu halten, damit wir die Kraft haben, die Bedürfnisse der anderen zu erhören und bestenfalls zu erfüllen.

Wenn wir uns selbst nicht treu sind, sondern lieber den anderen gefallen möchten, versuchen wir, die Ablehnung durch die anderen zu vermeiden. Kurzfristig gesehen scheint das eine gute Lösung zu sein. Wir machen uns Gedanken darüber, was die anderen von uns erwarten, wie sie uns gern hätten und wie wir sein sollen. Durch die falsche Rücksichtnahme möchten wir uns die Gunst der anderen *erkaufen*. Diesen Preis zahlen wir gern, weil die Zugehörigkeit zu einer sozialen Gruppe uns so viel wert zu sein scheint. Das geht auch eine Zeit lang gut – aber eben nur so lange, bis sich unsere gerade noch hörbaren Bedürfnisse und unser Selbstwertgefühl melden, kurz bevor sie ganz verstummen. Anfangs versuchen wir, es zu überhören. Wir fühlen uns vielleicht erschöpft, sind leichter reizbar, merken eine innere Unruhe, sind genervt und frustriert. Wir missbilligen das an uns und haben wieder einen Grund mehr, uns selbst abzulehnen. Und so nimmt der Weg in der Abwärtsspirale noch mehr Fahrt auf, und es geht unaufhörlich bergab mit unserem Selbstwertgefühl. Dafür passen wir aber scheinbar gut in die Gemeinschaft, zu der wir gern gehören würden. Dabei haben wir eines übersehen: Wir riskieren eine tiefgreifende Störung unseres Selbstwertgefühls.

Bei einem meiner Seminare mit dem Titel »Gute Gefühle sind kein Schicksal« kam genau das zur Sprache: Eine Teilnehmerin berichtete, dass sie mühsam gelernt hatte, sich nicht mehr nur anzupassen, sondern sich nun traute, auch mal klipp und klar zu äußern, *was* sie gern möchte. Also, nicht nur *Nein* sagen, sondern noch einen Schritt weiterzugehen und das eigene Bedürfnis kundzutun. Jeder einzelne Teilnehmer kannte das Gefühl, sich anpassen zu wollen, um geliebt zu werden! Doch alle waren sich dahin gehend einig, dass zum eigenen Glück und einem starken Selbstwert ganz wesentlich gehört, keine falsche Rücksicht auf andere zu nehmen.

»Ich benötige Mut, um meiner Frau zu widersprechen, wenn sie nervös ist.«
Anton, 39

Es gibt diverse **Mut-Hemmer**, die dafür sorgen, dass wir »artig« in der Komfortzone stehen bleiben, und die uns dazu verführen, nicht auf unsere innere Stimme zu hören. Die uns in unserer Persönlichkeit ausbremsen. Wir haben alle unsere Erfahrungen damit gesammelt, wie schmerzhaft es ist, uns von anderen abgelehnt zu fühlen. Wir haben Erinnerungen an solche Situationen aus dem Kindergarten, der Grundschule, an den ersten Liebeskummer in der Pubertät, an Streit mit Freunden, Ärger mit den Eltern und im Beruf – im Laufe der Jahre summieren sich diese Erfahrungen und bedrohen unser Selbstwertgefühl. Wir zweifeln dann an uns und beginnen zu glauben, dass wir es auch nicht besser verdienen, so wie wir sind.

Wenn unsere Freundin plötzlich nicht auf eine Email antwortet oder jemand unsere Einladung ausschlägt, dann schmerzt das ebenso wie die Tatsache, nicht eingeladen zu werden, wenn alle um uns herum eine Einladung bekommen.

Eltern machen diese Erfahrung manchmal mit ihren Kindern noch ein zweites Mal durch, wenn ihre Kinder nicht zum Kindergeburtstag eingeladen werden, den ein Klassenkamerad groß feiert. Wir fühlen uns an eigene Ereignisse erinnert, die uns wehgetan haben. Wenn wir nicht lernen, das eine von dem anderen zu trennen, dann kumulieren sich diese Kränkungen. Sie bewirken, dass wir uns nicht trauen, uns zu zeigen und authentisch zu sein. Denn wir denken, wir seien nicht gut genug und würden es nicht verdienen, geliebt zu werden – so wie wir sind.

»Ich benötige Mut, in einer Gruppe *Nein* zu sagen. Ich überlege kurz, sage dann aber geradeheraus meine Meinung, auch wenn es eine Einzelmeinung ist.«
Bettina, 48

Aus diesem Grund ist es wichtig, Mut-Hemmer zu identifizieren. Oft zeigen sich diese in Glaubenssätzen, die wir uns im Laufe der Zeit aneignen. **Glaubenssätze** sind im wahrsten Sinne Sätze, die wir glauben. Wir richten unbewusst unser Verhalten danach aus, denn die Glaubenssätze spiegeln unsere Überzeugungen und Annahmen über uns und das Leben wider, weshalb wir uns an ihnen orientieren, denn wir glauben daran, dass es so ist. Lesen Sie sich die folgenden *ent*mutigenden Aussagen durch und schauen Sie, ob Sie den einen oder anderen Glaubenssatz entdecken, der auf Sie zutrifft. Gleich daneben finden Sie dann eine *er*mutigende Version, die sich stärkend auf Ihr Selbstwertgefühl auswirkt. Denn: Glaube kann Berge versetzen!

Entmutigender Glaubenssatz	**Ermutigender Glaubenssatz**
Wenn ich die Erwartungen der anderen erfülle, dann werden sie mich lieben.	Ich bin liebenswert, so wie ich bin!
Wenn ich unauffällig bin, dann bin ich sicher.	Ich bin sicher, was immer ich tue. Und wenn ich möchte, dann erlaube ich es mir, hervorzustechen!
Wenn ich nicht erfolgreich/sportlich/schlank/gesund/dynamisch genug bin, mag mich keiner.	Ich darf so sein, wie ich bin!

Mut-Mach-Übung: Meine Glaubenssätze

Formulieren Sie Ihre alten Glaubenssätze so um, dass sie Sie ermutigen, statt Sie zu blockieren.

Entmutigender Glaubenssatz	*Ermutigender Glaubenssatz*

»Mut verdanke ich meiner Lebenseinstellung und dem Glaubenssatz: Ich bin anders und ich bin o. k.«
Ulli, 40

Wenn wir mit *Glaubenssätzen* durchs Leben gehen, mit denen wir uns selber *kleinmachen* und in unserer Authentizität freiwillig einschränken, dann werden wir uns nicht aus der

Komfortzone fortbewegen können. Ich war mit 16 als Austauschschülerin in Neuseeland und bin seitdem von einem englischen Zitat begeistert, das ein echter »Mut-Beschleuniger« für mich ist: *»Live your life to its fullest, it's for you!«*, frei übersetzt: *»Genießen Sie Ihr Leben in vollen Zügen, es ist Ihres!«*

Mut-Mach-Ritual: Ermutigender Glaubenssatz

- Wählen Sie sich aus der obenstehenden Übung einen ermutigenden Glaubenssatz aus, der Sie aufbaut und Ihnen so richtig guttut!
- Tragen Sie ihn hier ein. Gern können Sie auch mit einem aus der obenstehenden Tabelle starten:
- ____!
- Etablieren Sie einen festen Zeitpunkt am Tag, an dem Sie sich die Zeit nehmen, den Glaubenssatz 3x laut auszusprechen. Es hat eine verfestigende Wirkung, wenn Sie den Satz nicht nur lesen, sondern auch laut sprechen und ihn dadurch auch hören.
- Notieren Sie Ihren Glaubenssatz auf 3 verschiedene schöne Zettel, von denen Sie je einen in Ihr Portemonnaie legen, an Ihren Kühlschrank pinnen und auf dem Nachtschrank deponieren. Auf diese Art erinnern und ermutigen Sie sich im Laufe des Tages noch ein paar Mal, sodass Ihr Glaubenssatz zu einem Mut-Beschleuniger werden kann.

Mit diesem Ritual können Sie Ihren Aufenthalt in der Komfortzone so gestalten, dass sie Ihnen wirkliche Geborgenheit bietet und Sie sich so gut fühlen, als würden Sie in ein warmes, kuscheliges Bett steigen und sich unter einer riesigen Decke einmummeln und den Gedanken freien Lauf lassen …

Mut-Mach-Tipp

Schluss mit der falschen Rücksichtnahme! So wie Sie sind, sind Sie einzigartig und liebenswert! Sagen Sie entmutigenden Glaubenssätzen »Auf Wiedersehen« und ersetzen Sie sie durch die ermutigenden Varianten! Trennen Sie sich von Grundannahmen über sich selbst, die Ihr Selbstwertgefühl torpedieren und die sich muthemmend auswirkend, weil sie die Befürchtung vor Ablehnung beinhalten. Es ist es an der Zeit, dass Sie sich ermutigende Glaubenssätze zulegen und diese verinnerlichen! Trauen Sie sich und seien Sie kein Frosch!

Der Schritt in die Traumzone

Nun können Sie mit dem Träumen anfangen und sich neue Wege ausmalen, denn: Auf ausgetretenen Wegen gelangen wir nicht zu neuen Zielen.

Die Traumzone

»Was immer Du tun kannst oder träumst es zu können, fang damit an.«
Johann Wolfgang von Goethe

Die Walt-Disney-Strategie: If you can dream it, you can do it!

So lautete das Motto von Walt Disney, das er zum wesentlichen Bestandteil seiner Unternehmensphilosophie machte: *Wenn du es erträumen kannst, dann kannst du es auch tun.* Dieser Gedanke ist heute zu einer wichtigen Zielfindungsstrategie in Unternehmen geworden, und es ist nebenbei bemerkt meine Lieblingsstrategie, die nicht nur für Unternehmen, sondern für jeden von uns hilfreich ist. Denn sie beflügelt uns zu großer Kreativität. Und wie erfolgreich Disney mit dieser Philosophie war, zeigt sich im Aufbau des gewinnbringenden Disney-Konzerns, den er gemeinsam mit seinem Bruder Roy zu einem Imperium in der Film- und Freizeitindustrie ausgebaut hat. Aus diesem Leitbild ist ein 3-Phasen-Modell entstanden: Die *Walt-Disney-Strategie*, die sich aus den drei Rollen *Träumer*, *Realist* und *Kritiker* zusammensetzt:

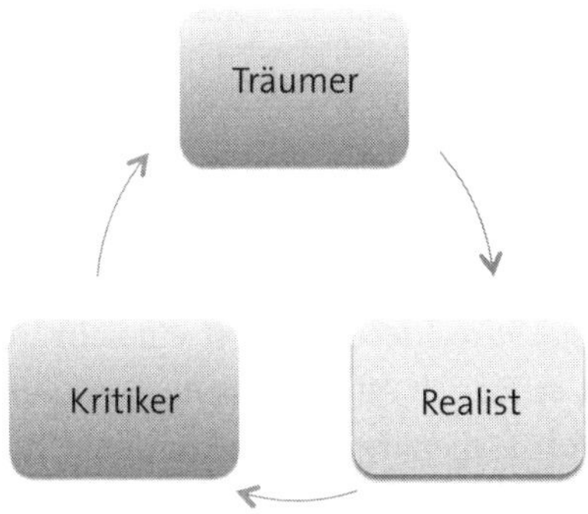

Abb. 14: Modell der Walt-Disney-Strategie

Das Wesen der Walt-Disney-Strategie

- Der Träumer erträumt all das, was realisierbar wäre, wenn alles möglich wäre ... Gefragt ist hier grenzenlose Fantasie!
- Dem Realisten kommt die Aufgabe zu, konkret zu überlegen, was getan werden kann, um die Träume wahr werden zu lassen, welche Materialien benötigt werden und welche Schritte zu tun sind, um die Träume zu realisieren.
- Der Kritiker richtet sein Augenmerk auf das, was bei der Umsetzung noch bedacht und beachtet werden sollte.

Wesentlich bei dieser Methode ist der Umstand, dass zunächst nur geträumt wird. Das Besondere ist neben dem Perspektivwechsel auch die chronologische Reihenfolge, die unbedingt zu beachten ist:

1. Wenn der Träumer träumt, dann schweigen die beiden anderen. Erst wenn der Träumer ausgeträumt hat – und das darf wirklich so lange dauern, wie es eben dauert –, ist der Realist gefragt.
2. Der Realist bewertet nicht (!), sondern konzentriert sich auf die mögliche Umsetzung. Erst wenn es hierbei nichts mehr zu ergänzen gibt, geht es weiter.
3. Der Kritiker unterstützt den Prozess mit seinem analytischen Verstand, indem er wohlwollend, konstruktiv und kritisch die bisher geäußerten Ideen auf mögliche Risiken hin durchleuchtet.
4. Diese Schritte können so oft wiederholt werden, bis eine hieb- und stichfeste Strategie mit den dazugehörigen Etappen gefunden wurde.

Warum die Walt-Disney-Strategie so erfolgreich ist, möchte ich Ihnen anhand der Methode »Brainstorming« zeigen. Beim Brainstorming sitzen mehrere Menschen zusammen und machen sich Gedanken zu einem bestimmten Thema. Sie sammeln erst einmal ihre Ideen. Das ist ein sehr guter Ansatz, in der Realität ist es jedoch oft so, dass nach Äußerung der ersten Vorschläge sofort Gegenargumente kommen. Beliebte Einwände sind:

- »Wie stellst du dir das denn vor?«
- »Wie soll das denn funktionieren?«
- »Nein, das geht überhaupt nicht.«
- »Das haben wir schon einmal probiert, da es das auch nicht geklappt.«
- »Schlimmer wird's aber nicht, oder?«
- »Meinst du das wirklich ernst?«
- »Das ist ja totaler Käse.«
- »Ach, das ist doch Schnee von gestern!«
- »Das schaffst du sowieso nicht!«

Auch der gesellschaftliche Druck spielt beim Träumen eine große Rolle, wie die folgende Äußerung zeigt.

> »Mit Mut wäre es mir möglich, meinem Leben wieder eine wesentliche Wendung zu geben, auf meine Träume und Wünsche zu hören und dem gesellschaftlichen Druck auszuweichen.«
>
> Dana, 29

Diese Liste von Einwänden könnte ich noch beliebig lang fortsetzen und Sie wahrscheinlich auch. Wenn Sie für sich allein Ideen entwickeln, dann hören Sie diese Einwände bestimmt auch. Während Sie gerade dabei sind, in Ihrem Kopf kreativ Möglichkeiten und Visionen zu ersinnen oder aber eben zu träumen, melden sich sofort mindestens zwei weitere Stimmen: der Realist und der Kritiker, die den Kreativitätsprozess mit einer Vielzahl von Einwänden eifrig torpedieren. Und das tun sie so laut, deutlich und erfolgreich, dass wir viele Ideen gar nicht konsequent zu Ende denken, sondern uns selbst entmutigen.

> »Ich brauche Mut, um meine Träume gegen alle Konventionen durchzusetzen.«
>
> Frida, 54

Meiner Ansicht nach liegt hierin der Schlüssel zum Erfolg auf dem Weg zur Mutzone. Damit Sie sich *wirklich* darüber im Klaren werden können, *was Sie wollen*, ist es unerlässlich, erst einmal Ideen zu entwickeln, Visionen zu erdenken oder anders formuliert: **Sie müssen anfangen zu träumen!**

Abb. 15: In der ersten Phase der Walt-Disney-Strategie

Mut-Mach-Tipp

Träumen Sie! Träumen Sie, bis die Wände wackeln! Träumen Sie Ihr Leben, damit Sie dann Ihren Traum leben können ... Nehmen Sie sich die Zeit zum Träumen, denn Träume sind die Boten unserer Sehnsüchte und bilden das Fundament Ihres Lebensentwurfs. Sie erleichtern es sich, wenn Sie sich einen festen Platz zum Träumen aussuchen. Das kann eine Bank im Park, ein Sessel in Ihrer Wohnung oder eine kuschelige Decke sein, in die Sie sich einhüllen, um zu träumen ... An diesem Ort geben Sie sich selbst das Startsignal zum Träumen. Eine Klientin von mir hat sich dafür in ihrer Wohnung eigens eine »Traumecke« eingerichtet.

Extra-Tipp: Bevor Sie mit dem Träumen anfangen, denken Sie ganz fest an einen Moment oder eine Situation in Ihrem Leben, in der Sie sehr kreativ waren. Mit diesem Gefühl grenzenloser Kreativität ermutigen Sie sich selbst zum Träumen.

Schauen Sie sich das Modell der Walt-Disney-Strategie noch einmal genau an: Mit dem Träumen fängt doch alles an. Das ist das A und O. Kennen Sie Sprüche wie »Träume sind Schäume« oder, was man auch gern zu Kindern sagt, die eigentlich Meister im Tagträumen sind, »Nun hör mal auf zu träumen«?, bestenfalls noch »Du Träumerle!«. Bei all dem schwingt mit, dass Träumen als etwas versponnen angesehen wird. Ich sehe das völlig anders.

Allerdings: Träumen will gelernt sein …

Endstation Sehnsucht?

In dem weltberühmten Drama *Endstation Sehnsucht* von Tennessee Williams geht es um Abgründe des menschlichen Seins und um Besessenheit, die selbstzerstörerisch wirkt. Das Wort Sehnsucht impliziert hier nicht etwas Gutes, das man erreichen möchte, sondern wir gehen an unseren Sehnsüchten zugrunde. Wussten Sie, dass Williams sein Stück nach der Endstation einer Straßenbahnlinie in New Orleans benannte? Doch anders als bei dieser Endstation können wir voller Sehnsucht in Gedanken neue Schienen und Wege für unsere Straßenbahn bauen – dorthin, wo wir sein möchten. Unsere Sehnsucht ist keine Endstation! Ganz im Gegenteil: Sie ist ein wunderbarer Ausgangspunkt und ein wichtiger Schritt auf dem Weg in unsere Mutzone!

Damit wir unsere Sehnsüchte gut spüren und wahrnehmen können, ist es wichtig, dass wir unseren Vorstellungen keine Grenzen setzen. Wir sollten uns vielmehr das Träumen erlauben, um unsere Wahrnehmung diesbezüglich zu schulen. Grenzenlos! Die meisten von uns haben verlernt zu träumen. Eine Klientin von mir erkannte das im Coaching: Ihr wurde bewusst, dass es ihr so lange gut ging, wie sie sich gestattete zu träumen, um so ihre Wünsche und Sehnsüchte zu hören. Als sie aufhörte zu träumen, weil sie zu viel zu tun hatte, ging es ihr kontinuierlich schlechter – und zwar genau so lange, bis sie wieder anfing zu träumen … Träume helfen uns dabei, unserer Sehnsucht auf die Spur zu kommen, denn in unseren Träumen können wir uns all das vorstellen und ausmalen, was für uns in der Realität wahrscheinlich unmöglich wäre und was wir uns nicht einmal zu denken erlauben würden.

Das Gute an schönen Träumen ...

- In unseren Träumen ist alles möglich!
- In unseren Träumen können wir Grenzen überschreiten, ohne dass es Konsequenzen für uns hat.
- Im Traum blenden wir unwichtige Sachen aus und konzentrieren uns auf das wirklich Wichtige.
- Im Traum erlauben wir uns, einige Facetten unserer Persönlichkeit völlig zu überspitzen und auszuleben.
- Geübte Tagträumer entwickeln langsam die Fähigkeit, die Träume so zu träumen, dass sie zu ihnen passen und hilfreich sind.
- In unseren Träumen kreieren wir Zielbilder, ohne verkrampft nach Zielen zu suchen.
- Wenn wir träumen, ist unserer Fantasie keine Grenze gesetzt.
- In unseren Träumen sind wir völlig frei – und unsere Gedanken auch!
- Unsere Träume sind Bilder, mit denen wir unsere Ziele visualisieren können – das ist genau das, womit Mentaltrainer arbeiten.

Paul – oder: Träumen, träumen, träumen

»Nur eines macht sein Traumziel unerreichbar:
die Angst vor dem Versagen.«
Paulo Coelho

Paul, ein 48-jähriger Geschäftsmann, kam mit Stresssymptomen zu mir und befand sich seiner eigenen Einschätzung zufolge kurz vor einem Burn-out. Er funktionierte nur noch mit letzter Kraft und hatte Angst vor den gesundheitlichen Folgen seines damaligen Lebensstils. Er wollte etwas in seinem Leben ändern, damit es ihm wieder besser ginge. Der Arzt hatte ihm dringend geraten, seine Ernährung umzustellen, abzunehmen und sich mehr zu bewegen. So zwang er sich also neben seiner Arbeit noch zweimal pro Woche ins Fitnessstudio und versuchte zähneknirschend, auf sein lieb gewordenes Feierabendbierchen zu verzichten. Die Folge: Sein Frust stieg noch mehr und sein schlechtes Gewissen wuchs und wuchs. Paul hasste Fitnessstudios schlichtweg, und alles in ihm sperrte sich dagegen. So saß er dann im Coaching: Komplett unter Druck, denn zu all dem Ärger gesellten sich noch die täglichen Streitereien mit seiner Frau, die ihn zunehmend häufiger kritisierte, weil er nur noch gestresst und unzufrieden durch die Gegend hastete – worunter am Ende auch die Kinder zu leiden hatten. Seine Erwartungen an das Coaching waren hoch, und er war ungeduldig. Am liebsten hätte er sich wahrscheinlich gewünscht, dass ich sein Leben mit einem Schnipsen wieder in Ordnung bringen könnte, was ich weder konnte noch wollte.

Als Coach unterstütze ich meine Klienten auf ihrem Weg, ich schaufele ihnen den Weg aber nicht frei. Ich gebe ihnen Hilfe zur Selbsthilfe, und genau das macht sie stark. Ich helfe ihnen dabei, ihre eigenen Fähigkeiten zu reaktivieren und sich ihrer Ressourcen bewusst zu werden. Wenn ich merke, dass jemand sehr unter Druck steht, wenn er zu mir kommt, dann nehme ich erst einmal komplett das Tempo raus. Denn meistens sprechen diese Klienten sehr schnell, atmen hastig, und auch in ihrer Staccato-Sprache drückt sich der Stress aus. Ich mache dieses Tempo anfangs mit, um dann immer langsamer zu werden. Ich spreche dann zunehmend leiser und mache bewusst viele Pausen beim Sprechen. Irgendwann ist es dann so weit: Der Klient atmet tief durch. Dann weiß ich, dass er angekommen ist.

Mut-Mach-Impuls:

Wenn ich an mich denke und dabei tief durchatme, kann ich erkennen, dass …

____

Und was noch? ______________________________

Und was noch? ______________________________

Und was noch? ______________________________

Als Paul also »angekommen« war und wir ins Arbeiten kamen, war schon deutlich spürbar, dass er sich ein Stück weit entspannt hatte. Seine »Hausaufgabe« bestand darin zu träumen und sich im Traum auszumalen, wie ein Leben ohne Stress, aber mit seiner Familie und seinem Job aussehen könnte. Oder vielleicht träumte er ja noch von etwas ganz anderem. Beim nächsten Mal stürzte mir wieder ein total gestresster Paul entgegen. Er berichtete, dass er nun nicht mehr ins Fitnessstudio gehen würde – »Das ist mir einfach zu doof. Das tu ich mir nicht auch noch an.« – und am liebsten alles hinschmeißen würde. Alles! »Das mit dem Träumen können Sie vergessen«, meinte er zu mir. »Für so etwas habe ich nun gar keine Zeit gehabt«, empörte er sich. Ich schlug ihm vor, dass er ja mit meiner Hilfe träumen könnte. Ich bestand zwar nicht darauf, aber irgendwie schien er mir zu vertrauen und so kam er ins Träumen:

Er träumte davon, mit seinen 3 besten »Kumpels«, wie er sie nannte, regelmäßig Sport zu machen. Er sah sich im Traum mit ihnen auf Mallorca für einen 20-km-Lauf trainieren, schwitzend und glücklich. Das hatten sie nämlich früher regelmäßig einmal im Jahr gemacht. Er genoss im Traum die Gemeinschaft und sah sich abends mit seinen Kumpels an der Bar. Die Familien hatten sie auch mitgebracht, und er genoss das abendliche Beisammensein, die Gespräche unter Männern und die Harmonie mit seiner Familie. Anfangs fiel es ihm schwer, ins Träumen zu kommen und er machte seine Gedanken sofort zunichte, aber dafür war ja ich zuständig. Ich ließ die Einwände außen vor und ermunterte ihn immer wieder dazu, einfach nur zu träumen. Paul träumte nämlich auch davon, dass er seinem Chef einmal die Meinung sagen würde, denn in der Firma hatten sich unerträgliche Mechanismen eingeschlichen, die die Arbeitsatmosphäre vergifteten und die Motivation gen Nullpunkt sinken ließen. Und Paul träumte immer weiter …

Es gefiel ihm am Ende richtig gut, denn er hatte die positive Wirkung gespürt, die ein authentischer und gesunder Lebensstil mit sich bringen würde. Im Traum hatte er schon geschafft, was er dann in der Wirklichkeit Stück für Stück umsetzte. Denn das Training mit seinen Kumpels und der damit verbundene wiederbelebte Sozialkontakt wirkten sich äußerst positiv auf ihn aus. Er entwickelte ein neues Körperbewusstsein, weil er Sport trieb und aus diesem Grund auch gleich mit auf seine Ernährung achtete.

Die vormals qualvollen Besuche im Sportstudio und anderen Aktivitäten erschienen ihm nun lohnenswert. Denn für die Ziele, die er sich gesetzt hatte, war er nun bereit, das Erforderliche zu geben.

Mut-Mach-Impuls:

Wenn ich ein »Ich muss« in ein »Ich möchte« umformuliere, …

____

Und was noch? ______________________________

Und was noch? ______________________________

Und was noch? ______________________________

Wenn wir für unsere Ziele die dazu erforderliche Kraft aufbringen und sie auf diesem Weg erreichen, fühlen wir uns gut mit uns selbst. In unseren Träumen sind wir in der Lage, Visionen zu kreieren, die in Form von konkreten Bildern oder Filmsequenzen vor unseren Augen sichtbar werden. Diese Bilder können so intensiv werden, dass wir den Eindruck bekommen, sie seien wirklich und lebbar. Das sind sie natürlich noch nicht, aber wenn wir im wahrsten Sinne des Wortes ein Bild vor Augen haben, dann können wir unser Verhalten unbewusst und auch bewusst in diese Richtung lenken. Das Phänomen ist in der Psychologie als »sich selbst erfüllende Prophezeiung« bekannt.

Eine sich selbst erfüllende Prophezeiung

- »Eine sich selbst erfüllende Prophezeiung ist eine Annahme oder Voraussage, die rein aus der Tatsache heraus, dass sie gemacht wurde, das angenommene, erwartete oder vorhergesagte Ereignis zur Wirklichkeit werden lässt und so ihre eigene »Richtigkeit« bestätigt« (Watzlawick 2008).
- Wenn ich Gutes erwarte, dann führe ich durch mein eigenes Verhalten dieses Gute herbei, um mich selbst zu bestätigen.
- Der Begriff geht auf den amerikanischen Soziologen Merton zurück, beruhend auf dem Thomas-Theorem: »If men define situations as real, they are real in their consequences.« – »Wenn die Menschen Situationen als wirklich definieren, sind sie in ihren Konsequenzen wirklich.«
- Ein Beispiel für sich selbst erfüllende Prophezeiungen ist der Placebo-Effekt. Mittels unzähliger Experimente konnten Wissenschaftler z. B. bei Schmerzpatienten nach der Gabe von Placebo-Mitteln (also Präparaten ohne Wirkstoff) eine gesundheitssteigernde Wirkung nachweisen – und zwar aufgrund der positiven Erwartung, dass die Behandlung einen heilenden Effekt erzielt (Myers 2005).
- **Ergo: Vorstellungen bestimmen unser Verhalten!**

Wenn es nun gelingt, positive Vorstellungen von uns und unserer Zukunft zu erträumen, dann werden diese »Traumbilder« unser Verhalten bestimmen.

Wünsch dir was

»Das Leben ist ein Traum, mach daraus Wirklichkeit.«
Mutter Teresa

Auf dem Weg zur Mutzone ist Träumen also ein wesentlicher und notwendiger Prozess, um aus den Träumen unsere Wirklichkeit machen zu können, wie es Mutter Teresa formuliert.

Kennen Sie den Ausspruch »Das Leben ist kein Wunschkonzert«? Wenn Sie auch so denken, dann wird es für Sie wohl auch zutreffen. Und genauso funktioniert es mit dem Gegenteil:

»*Das Leben ist ein Wunschkonzert*«. Probieren Sie es aus. Ich halte es für sehr bedeutsam, sich seiner Wünsche bewusst zu werden, damit wir sie dann zu Zielbildern umformulieren und sie *deshalb* Wirklichkeit werden können. Wir müssen selbst die Verantwortung für unsere Sehnsüchte, Träume und Wünsche übernehmen und sie nicht anderen zuschieben oder sie gar ins Universum schicken – in der Vorstellung, dass sie allein dadurch in Erfüllung gingen. Wenn wir dazu bereit sind, für unser Verhalten Verantwortung zu übernehmen, dann sind wir auf dem direkten Weg in die Mutzone.

Eine Klientin erzählte mir neulich, dass träumen für sie bedeutet, sich schwerelos zu fühlen, sich durch die Lüfte zu schaukeln und ganz frei zu fühlen, weil sie im positiven Sinne keinen Boden unter den Füßen fühlt.

Martin Luther Kings berühmte Rede (1963) vor 250.000 Menschen in Washington D. C. trug den bezeichnenden Titel »I have a dream«. Die Rede war eine bedeutsame Basis für historische Entwicklungen. Probieren Sie die positive Wirkung dieser Worte »Ich habe einen Traum« für sich aus: Wovon träumen Sie?

Mut-Mach-Ritual: Ich habe einen Traum ...

Etablieren Sie einen festen Termin in der Woche, für den Sie sich etwa eine halbe Stunde Zeit nehmen, in der Sie ungestört träumen können. Falls Sie dafür auf etwas anderes verzichten müssen, seien Sie nicht traurig, denn Sie bekommen etwas ganz Schönes dafür: ihre Traumzeit.

Wenn Sie nun Ihre Gedanken auf die Reise schicken, dann lassen Sie sich von folgenden Überlegungen inspirieren:

- Wenn ich einen Wunsch frei hätte, ...
- Ich träume von ...
- Wenn ich frei wie ein Vogel wäre, ...
- Es erfüllt mich mit Freude, wenn ...

	• Mein größter Traum ist ... • Angenommen, ich wäre richtig mutig, dann würde ich ... • Ganz tief in meinem Herzen wünsche ich mir ... Lassen Sie nun Ihre Gedanken fließen und hören Sie auf Ihre innere Stimme. Genießen Sie Ihre Traumzeit!

Normalerweise nehmen wir uns im Alltag nicht ausdrücklich die Zeit dafür, aber wenn Sie das regelmäßig praktizieren, werden Sie Ihren noch unbewussten Wünschen und Sehnsüchten ganz bewusst auf die Spur kommen. So sind Sie auf dem besten Weg dahin, dass »Ihr Leben ein Wunschkonzert« wird.

»Ich halte mich für überdurchschnittlich mutig. Meinen Mut bzw. die Kraft, Risiken und neue Herausforderungen anzunehmen, verdanke ich mir nahestehenden Personen. Dazu zähle ich meine Eltern, meinen Bruder und gute Freunde. Ich verdanke es auch der Überzeugung, dass das Leben viel mehr Spaß macht und man mehr erleben kann, wenn man mutig ist.«

Sebastian, 24

Als meine Kinder klein waren, hatten sie unglaublich viele Wünsche. So viele und so drängende, dass sie sich nicht entschließen konnten, Wünsche auszusortieren, und so waren ihre Wunschzettel sehr lang. Es war bezaubernd zu sehen, wie liebevoll sie diese Wunschlisten gestalteten – in der Hoffnung, dass sich ihre Wünsche dann eher erfüllen würden. Mit zunehmendem Alter wurden die Wunschzettel kürzer, auch weil die einzelnen Wünsche größer wurden. Oder weil sie vieles dann schon hatten. Vielleicht aber auch, weil wir es im Laufe der Jahre einfach verlernen, uns etwas bewusst zu wünschen und diese Wünsche direkt zu äußern. Warum nur? Wir haben bestimmt immer noch viele Wünsche, nur nehmen wir sie nicht mehr so deutlich wahr – und wenn doch, dann »verstecken« wir sie in Teilen unserer Seele, zu denen wir dann nach einiger Zeit nur noch schwer oder gar keinen Zugang haben. Das sollten wir unbedingt ändern, denn wir können nur authentisch in der Mutzone leben, wenn wir uns mit unseren Wünschen, Motiven, Zielen und Träumen kennen.

Mut-Mach-Übung: Mein Wunschzettel

Bestimmt ist es schon Jahre her, dass Sie zuletzt einen Wunschzettel geschrieben haben ... Gestalten Sie Ihren persönlichen Wunschzettel – spontan und intuitiv. Nehmen Sie sich die Zeit und schreiben Sie Ihre Herzenswünsche auf. Wenn Sie nicht gleich alle Felder füllen können, ist das in Ordnung, Sie können die Liste jederzeit weiterführen.

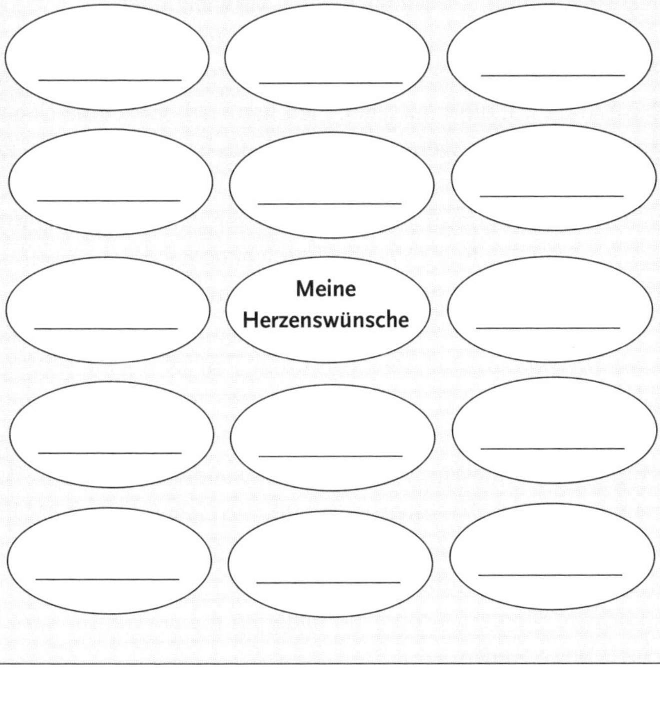

1001 Möglichkeit oder eine Reise in die Zukunft

Als Coach ist es mir wichtig, dass ich meine Klienten darin unterstütze, mehrere Handlungsoptionen zu finden – getreu dem Motto »Aus eins mach viele«. Statt nur nach einer Möglichkeit zu handeln, haben die Klienten im besten Fall mehrere oder sogar viele Möglichkeiten und können sich entscheiden. Auch hier hat ein »Ich musste ja …« keine Chance, denn Proaktivität und Wahlfreiheit herrschen vor und ermöglichen dann ein »Ich entscheide mich für …, weil es mir wichtig ist«.

Wenn wir die Komfortzone verlassen wollen, um unsere Persönlichkeit zur freien Entfaltung zu bringen, so müssen wir zunächst einmal unsere Möglichkeiten vervielfältigen.

Kurz vor Ende meines Psychologiestudiums überlegte ich mir, welchen Weg ich von da an gehen wollte – wie sollte meine Reise in die Zukunft aussehen? Ich hatte nebenbei eine Coach-Ausbildung angefangen und probierte das frisch Gelernte an mir selbst aus.

Es kristallisierte sich heraus, dass ich nach Beendigung meines Studiums mehrere Wege gehen wollte, da ich mich auf das Thema Positive Psychologie spezialisieren, Seminare geben, als Coach arbeiten und auch Intelligenzdiagnostik machen wollte. Außerdem träumte ich davon, ein Buch zu schreiben, was zum damaligen Zeitpunkt wirklich nichts für mich weiter als eine »spinnerte« Vision war. Ich wollte die Ergebnisse meiner Forschung über Glück in Materialien umwandeln, damit das Thema Glück viele Menschen nachhaltig erreichen könnte. Meine Träume schrieb ich auf Karten und sortierte diese so, dass die einzelnen Wege sichtbar wurden. Ich hängte jede einzelne an die Innenseite meiner Bürotür: So hatte ich meine Träume sprichwörtlich vor Augen.

Im Grunde waren es nicht nur meine Träume und Möglichkeiten, sondern meine unbewussten Ziele, die ich mir nun bewusst gemacht hatte. Dadurch, dass ich meine Ziele vor Augen hatte, habe ich unbewusst mein Verhalten auf die Erreichung dieser Ziele ausgerichtet. Ich freue mich schon, denn nach dem Erreichen meiner Ziele werde ich nun bald wieder träumen …

Mut-Mach-Tipp
Unternehmen Sie eine Reise in die Zukunft und machen Sie Ihre Träume und Möglichkeiten sichtbar. Am besten bitten Sie jemanden um Unterstützung und sprechen Ihre Träume laut aus. Schreiben Sie jede einzelne Möglichkeit auf Karten auf und hängen Sie sie gut sichtbar an einen Platz, an dem Sie sie oft sehen.

Selbst wenn Sie nicht jeden Tag bewusst alles durchlesen, so nimmt Ihr Gehirn die Karten doch unterschwellig wahr – Psychologen nennen das subliminal. Sie werden unbewusst Ihr Verhalten danach ausrichten und ein dementsprechendes Ticket in die Zukunft buchen.

Mut-Mach-Impuls:

Ich freue mich auf meine Reise in die Zukunft, weil …

____

Und was noch? ________________________________

Und was noch? ________________________________

Und was noch? ________________________________

Der Schritt in die Selbstvertrauenszone

Nachdem Sie in der Traumzone Ihren Träumen und Möglichkeiten, Ihren Ideen und inneren Zielen auf dem Weg in die Mutzone nahegekommen sind, geht es nun darum, diese in die Wirklichkeit zu transportieren. Doch anders als bei der Walt-Disney-Strategie sollten Sie nun erst einmal eine kräftige Portion Selbstvertrauen tanken, damit Sie sich wirklich stark genug für die Realisierung Ihrer Projekte fühlen. Denn die Frage ist nicht: *ob*, sondern *wie* setze ich den Traum um!

»Ich brauche Mut, um über den eigenen Schatten zu springen und Ziele und Träume zu verwirklichen.«
Lotte, 30

Die Selbstvertrauenszone

»Sei eine erstklassige Ausgabe deiner selbst,
keine zweitklassige von jemand anderem.«
Judy Garland

»Die alltäglichen Herausforderungen im Job, aber auch privat zu meistern und meine Träume zu verfolgen, bedeutet sehr viel Mut – dem bin ich oft nicht gewachsen.«
Nicole, 28

Woran liegt es, dass wir viele Träume, die wir im Laufe unseres Lebens so träumen, letzten Endes doch nicht umsetzen? Was glauben Sie? Ich bin der Meinung, dass wir sie so lange nicht realisieren, wie wir nicht ernsthaft davon überzeugt sind, dass wir es schaffen. Wir zweifeln an uns selbst und somit verpuffen viele Träume und Ideen.

Das ist natürlich nicht sehr ermutigend, und so schwindet von Traum zu Traum unser Selbstvertrauen jedes Mal ein bisschen mehr. Damit Sie nicht resignieren, stärken Sie sich noch einmal, um mit genug Schwungkraft an die eigenen Projekte herangehen zu können … Es wird Ihnen guttun – genießen Sie es!

»Meistens bin ich entweder zu mutig oder nicht mutig genug. Das richtige Selbstvertrauen ist wichtig und das gute Zureden von außen.«
Janne, 29

Wer bin ich?

Als Kinder und Jugendliche suchen wir uns Vorbilder, an denen wir uns orientieren. Diese haben dann aber unglücklicherweise so gar nichts mit unserem Leben zu tun, sodass wir eine große Kluft zwischen unserem Vorbild und uns selbst spüren und sich schnell das Gefühl breitmacht: So wie ich bin, bin ich nicht cool genug. Wir sind unzufrieden mit uns selbst und wären lieber jemand anderes. TV-Shows, in denen es dann darum geht, dass Jugendliche so werden wie ein bekannter Popstar, tun da ihr Übriges. Junge Menschen bekommen den Eindruck, dass sie ein bisschen mehr wie Justin Bieber oder Lady Gaga sein sollten. Doch das eigene Leben verläuft eben nach ganz anderen Standards, und schnell verstärkt sich der Wunsch, eine andere Identität haben zu wollen. Das ändert sich auch mit zunehmendem Alter manchmal nicht, wenn wir uns an Menschen orientieren, von denen wir annehmen, sie seien erfolgreicher, geliebter, interessanter und einfach toller als wir. Wir streben dann – ob bewusst oder unbewusst – danach, ein bisschen zu werden wie die Person, die uns als Vorbild dient. Und selbst wenn wir bereits hundert Mal gehört haben, dass die Kopie nie so gut ist wie das Original und wir aus diesem Grund nur zu gut wissen, dass wir niemanden nachahmen sollten, tun wir es trotzdem, weil wir uns so klein fühlen.

Verstehen Sie mich nicht falsch: Ich finde es äußerst hilfreich, Vorbilder zu haben. Selbstwertdienlich ist es allerdings, wenn wir uns durch unsere Vorbilder nicht klein, schlecht und weniger wert fühlen, sondern wenn sie uns als eine Art Zielvorstellung dienen, weil sie unserer Meinung nach etwas haben, das wir für erstrebenswert, liebenswert und nachahmenswert halten. Wenn wir uns durch eine Eigenschaft des Vorbilds angespornt fühlen und nicht vor Neid vergehen, dann können wir uns dadurch in unserer Persönlichkeit bereichert fühlen und müssen es nicht als Bedrohung werten.

Mut-Mach-Tipp

Wenn Ihnen an einem anderen Menschen eine Eigenschaft oder eine Fähigkeit gefällt, die Sie sehr schätzen und auch gern hätten, dann schauen Sie genau hin: Wie macht er das? Was führt dazu, dass er auf Sie so attraktiv wirkt?

Wenn möglich fragen Sie diesen Menschen doch nach seiner Erfolgsstrategie. Statt Neid zu empfinden und ein schlechtes Selbstwertgefühl zu haben, werden Sie sich beflügelt und motiviert fühlen. So wie Sie sind, sind Sie einzigartig und liebenswert! Seien Sie ein Original! Ein Original, das sich gut mit sich selbst fühlt und sich gleichzeitig gern weiterentwickeln würde – dann können Sie von anderen lernen.

Wenn Sie von anderen lernen und dadurch persönliches Wachstum erfahren, kopieren Sie auch niemanden, sondern formen sich ein eigenes Modell. Ein anderer Mensch steht Ihnen dann sozusagen Modell, und Sie verfeinern das Original, nämlich sich selbst. Das hat eine unmittelbar positive Wirkung auf Ihr Selbstwertgefühl. Sie müssen sich nicht selbst wegen irgendeiner Eigenschaft ablehnen, sondern können der Palette Ihrer Persönlichkeit noch eine weitere Facette hinzufügen. Das ist ein bedeutsamer Schritt zur Entfaltung Ihrer Persönlichkeit und hilft Ihnen, sich selbst zu lieben, wobei Sie die Selbstliebe, um die es mir hier geht, natürlich nicht mit narzisstischer Selbstverliebtheit verwechseln dürfen …

»Sich selbst zu lieben ist der Anfang einer lebenslangen Leidenschaft.«
Oscar Wilde

Das ist doch eine wunderbare Aussicht, oder? Tanken Sie eine kräftigende Portion Selbstbewusstsein, indem Sie beginnen, sich selbst ganzheitlich anzunehmen und zu lieben! Dabei kann Ihnen die folgende Mut-Mach-Übung Aufschluss darüber liefern, wer Sie sind und inwieweit Sie sich bereits jetzt schon um Ihrer selbst willen annehmen. Mit dieser Übung können Sie das Projekt Selbstliebe verinnerlichen.

Mut-Mach-Übung: Der Beginn einer lebenslangen Leidenschaft

Schreiben Sie spontan 3 Aspekte auf, die Sie *einzigartig* machen:

◎ Ich bin einzigartig, weil ...

- ______________________________
- ______________________________
- ______________________________

Schreiben Sie 3 Aspekte auf, warum Sie *liebenswert* sind:

◎ Ich bin liebenswert, weil ...

- ______________________________
- ______________________________
- ______________________________

Schreiben Sie 3 Aspekte auf, warum Sie sich *lieben*, wie Sie sind:

◎ Ich liebe mich so, wie ich bin, weil ...

- ______________________________
- ______________________________
- ______________________________

Schreiben Sie 3 Aspekte auf, warum Sie *gerne Sie selbst* sind:

◎ Ich bin gerne ich, weil ...

- ______________________________
- ______________________________
- ______________________________

Schreiben Sie 3 Aspekte auf, was an Ihnen *»vorbildlich«* ist:

◎ »Vorbildlich« ist an mir ...

- ______________________________
- ______________________________
- ______________________________

Viel Erfolg mit Ihrem Projekt »Selbstliebe«!

Von Stärken und Mut-Verstärkern

»Die Gelassenheit ist eine anmutige Form des Selbstbewusstseins.«
Marie von Ebner-Eschenbach

Ihre Stärken und Ressourcen bilden das Fundament für Ihr Vermögen, sich selbst zu vertrauen. Das gelingt Ihnen dann besonders gut, wenn es klare Gründe dafür gibt, sich zu vertrauen und an sich zu glauben. Eine elementare Voraussetzung für **Selbstvertrauen** ist, dass Sie ein gutes Bild von sich haben. Und – haben Sie das?

»Ich halte mich für mutig. Im Hinblick auf meinen bisherigen Beruf denke ich, dass dies im Vertrauen in eigene Arbeit und Fähigkeiten begründet liegt.«
Carl, 32

Denken Sie doch einmal über folgende Fragen nach. Wenn Sie dann Ihre Antworten gefunden haben, fragen Sie sich, ob sie Ihnen gefallen. Seien Sie mutig, indem Sie ehrlich mit sich sind.

- Was denken Sie über sich?
- Wie sprechen Sie in Gedanken über sich?
- Wie fühlen Sie sich mit sich selbst?
- Welches Bild haben Sie von sich?

Gefällt es Ihnen, was Sie über sich denken und welches Bild Sie von sich haben? Wenn ja: wunderbar – halten Sie sich das (mindestens) einmal die Woche vor Augen und genießen Sie die wohltuende Wirkung! Und wenn nicht, dann denken Sie daran, dass Sie es ja noch in die Richtung formen können, die Sie favorisieren. Sie sind ja ohnehin inmitten eines Änderungsprozesses und schon in der Selbstvertrauenszone angekommen. Aber selbst wenn Ihnen Ihr Bild von sich noch nicht rundum gefällt, gibt es sicherlich einzelne Aspekte, die schon richtig gut sind.

Mut-Mach-Impuls:

Mir gefällt mein Bild von mir jetzt schon, weil …

____

Und warum noch? ______________________________

Und warum noch? ______________________________

Und warum noch? ______________________________

Für ein *solides* Selbstvertrauen benötigen wir einen Überblick über unsere Stärken, aber auch unsere Schwächen. Es ist wichtig, sich ganzheitlich akzeptieren zu können – sich eben zu lieben, so wie man ist, ohne etwas unter den besagten Teppich zu kehren. Mit allem Drum und Dran. Darin besteht die Kunst! Denn wenn Sie einen Teil oder mehrere von sich ablehnen, dann können Sie kein zuverlässiges Selbstvertrauen entwickeln. Denn wie sollen Sie jemandem vertrauen, den Sie zum Teil ablehnen? Dem können Sie nur bedingt vertrauen – mit angezogener Handbremse eben. Aber das ist äußerst anstrengend. Es ist also an der Zeit für eine ehrliche und mutige Bilanz!

»Mut benötige ich, um aus Fehlern zu lernen! Auch manchmal gegen den Strom zu schwimmen. Für mehr Selbstbewusstsein und Selbstvertrauen.«

Gisela, 68

Ein solides Selbstvertrauen wirkt wie ein **Mut-Verstärker**, denn dann sind Sie gefestigt in sich selbst, und nichts kann Sie so schnell umpusten. Selbst wenn Sie auf Ihrem Weg bis heute schlechte Erfahrungen gemacht haben, weil Sie eben bestimmte Schwächen haben, dann scheint es mir wichtig, Sie darauf hinzuweisen, dass das vollkommen normal ist. Der Weg durchs Leben kann doch gar nicht nur aufwärts gehen. Es gibt einfach Rückschläge und Niederlagen im Leben, manchmal ist der Weg steinig und schwer und führt uns durch unwegsames Gelände –

dann kommt es darauf an, wie Sie damit umgehen. Wenn Sie sich entmutigen lassen, dann geht es aus Ihrer Sicht in solchen Momenten wahrscheinlich stark bergab. Vielleicht ist Ihnen folgendes Zitat von Seneca eine Ermutigung.

»Fest und stark ist nur der Baum, der unablässig Windstössen ausgesetzt war, denn im Kampf festigen und verstärken sich seine Wurzeln.«
Seneca

Vermeintliche Schwächen können dazu beitragen, dass wir stärker werden – und zwar genau dann, wenn wir bereit sind, daran zu wachsen.

Wenn Sie diese Haltung einnehmen können, fällt es Ihnen wahrscheinlich leichter, die folgende Übung durchzuführen, durch die Sie dauerhaft Selbstvertrauen tanken können.

Tanken Sie Selbstvertrauen

»Man muss sich durch die kleinen Gedanken, die einen ärgern, immer wieder hindurch finden zu den großen Gedanken, die einen stärken.«
Dietrich Bonhoeffer

Horchen Sie einmal in sich hinein, wenn Sie das Ergebnis dieser Übung betrachten und ein ganzheitliches Bild von sich haben. Wie fühlen Sie sich damit? Eine Zeit lang gab es den Trend, sich *nur* auf seine Stärken zu fokussieren, was nicht immer hilfreich war, denn wenn Sie das tun, dann meldet sich unter Umständen eine kleine Stimme in Ihnen, die auch Ihre Schwächen kennt. Diese Stimme sagt Ihnen, dass das nicht alles ist, und im Inneren Ihrer Seele fürchten Sie sich vielleicht latent davor, dass andere oder Sie sich selbst auf die Schliche kommen und noch mehr entdecken. Doch trotzdem neigen Sie vielleicht dazu, diese Stimme zum Schweigen zu bringen oder mit etwas anderem zu übertönen. Das kostet allerdings zu viel Kraft, ständig in Habachtstellung sein zu müssen. Besser ist es, Sie machen das Bild vollständig und akzeptieren es.

Mut-Mach-Übung: Tankstelle für mein Selbstvertrauen

Damit Sie sich Ihre Stärken im wahrsten Sinne des Wortes vor Augen führen können und sie im Blick behalten, tragen Sie sie hier ein. Wenn Sie dabei auch an Ihre Schwächen denken, dann tragen Sie sie auch ein. Sie können diese auch so betrachten, dass Sie an der Stelle noch ein Potenzial haben, oder sie als Teil Ihrer Persönlichkeit sehen, die Sie akzeptieren, weil sie nun einmal zu Ihnen gehört. Gewinnen Sie sie lieb, dann müssen Sie sich nicht vor Ihren Schwächen fürchten, sondern integrieren Sie in Ihre Ganzheitlichkeit.

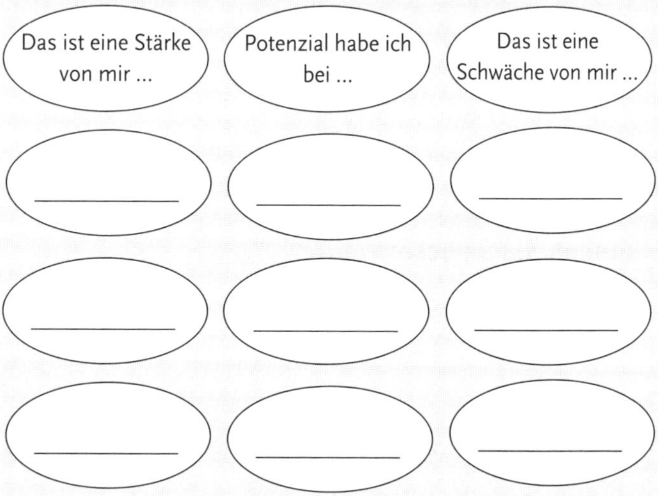

»Mit mehr Mut wäre es mir möglich, Erfahrungen zu sammeln, die meinen Horizont erweitern und mich in meinem Selbstvertrauen stärken. Ich könnte mich mehr trauen, ohne Angst zu haben, es sowieso nicht zu schaffen.«
Henriette, 24

Erst wenn Sie das gemacht haben, werden Sie unbeschwert den Blick auf Ihre Stärken konzentrieren können und aufatmen. Wenn Sie nun an Ihre Stärken denken, können Sie vollends die positive Wirkung für Ihr Selbstvertrauen genießen. Meiner Ansicht nach wirkt das Bewusstsein für Ihre Stärken nun wie ein kraftvoller Mut-Verstärker!

Mut-Mach-Tipp

Tanken Sie Selbstvertrauen und verwandeln Sie Ihre Stärken in kraftspendende Mut-Verstärker! Schließen Sie für einen Moment die Augen und denken Sie an Ihre Stärken. Nehmen Sie sie wahr und finden Sie dazu passend eine Farbe – mit welcher Farbe verbinden Sie Ihre Stärken? Ist es gelb? Orange? Grün? Welche Farbe auch immer Ihnen nun einfällt – es ist in Ordnung. Gehen Sie in ein Schreibwarengeschäft und kaufen Sie sich Klebepunkte in »Ihrer« Farbe. Kleben Sie sich einzelne Klebepunkte an die unterschiedlichsten Orte: neben Ihren Badezimmerspiegel, an die Tür, in Ihr Portemonnaie, innen an die Tür Ihres Kleiderschranks, an Ihren Kühlschrank, auf das Armaturenbrett etc., also überall dorthin, wo Sie sie im Alltag möglichst oft sehen.

So haben Sie sich und Ihre Stärken immer im Blick.

Stehen Sie zu sich!

»Denken ist Reden mit sich selbst.«
Immanuel Kant

Mit Mitte 20 war ich in einen Kommilitonen verliebt. Ich fand einfach alles an ihm toll: was er sagte, seine Augen, seine Stimme, seine Art – na, eben einfach alles, auch sein rotes Auto. Sobald ich an ihn dachte, schlug mein Herz gleich ein bisschen schneller. Wenn ich verliebten Herzens unterwegs war, dann achtete ich nur auf rote Autos – in der Hoffnung, ihn irgendwo zu treffen. Plötzlich war die Welt, oder sollte ich lieber sagen: *meine Welt* voller roter Autos. Kennen Sie das auch? Wenn Sie anfangen, auf etwas zu achten, dann bemerken Sie es viel häufiger. Die Erklärung dafür beruht auf einem Phänomen, das die Psychologen **selektive Wahrnehmung** nennen. Wenn wir unsere Umwelt selektiv wahrnehmen, dann sehen wir nur das, worauf wir unsere Aufmerksamkeit unbewusst oder bewusst richten. Unser Gehirn wäre völlig überfordert damit, alle Objekte, Menschen und Details um uns herum wahrzunehmen, und selektiert für uns im Voraus unwichtige Dinge aus. Wenn rote Autos von uns als relevant eingestuft werden, dann sehen wir überall rote Autos und das Gehirn blendet andere Informationen dann schlichtweg aus. »Gesetze des Sehens« lautet der Titel eines meiner Lieblingsbücher. Der Gestaltpsychologe Wolfgang Metzger (2007) erläutert darin noch weitere Phänomene, die mit dem menschlichen Sehen zu tun haben. Es ist schon erstaunlich, was uns unser Gehirn manchmal so vorgaukelt.

Kennen Sie das berühmte »**Gorilla-Experiment**«, das an der Washington-Universität in Seattle durchgeführt wurde? Einer Gruppe von Studierenden wurde ein Video vorgespielt, in dem zwei Mannschaften sich einen Basketball zuwerfen. Die eine Gruppe trägt weiße T-Shirts und die andere schwarze. Die Aufgabe der Studenten bestand darin, die Ballkontakte der weißen Mannschaft zu zählen. Danach mussten sie die Anzahl nennen und wurden anschließend gefragt, ob ihnen etwas Besonderes aufgefallen sei. Etwa 80 % verneinten dies, obwohl während des Ballspiels eine als Gorilla verkleidete Person von rechts durch das Bild läuft, dabei in der Mitte stehen bleibt, sich auf die Brust trommelt und dann nach links aus dem Bild geht. Ich gehöre auch zu den besagten 80 %, die den Gorilla nicht wahrgenommen haben. Als ich das Video zum ersten Mal sah, habe ich mich so darauf konzentriert, den Ball nicht aus den Augen zu lassen, was bei dem hohen Tempo der Ballwechsel gar nicht so einfach war. Wenn Sie das Video noch nicht gesehen haben, werden Sie es sicherlich kaum glauben können, dass einem der Gorilla nicht auffällt. Sobald die »Pointe«, also die Auflösung bekannt ist, ist es nicht mehr möglich, den Gorilla zu übersehen. Unser Gehirn verfügt dann über die entsprechende Information und nimmt den Gorilla eben wahr. Das »Gorilla-Experiment« ist ein beeindruckendes Beispiel für unsere selektive Wahrnehmung.

Dieses Phänomen können wir uns zunutze machen, wenn wir uns unserer Stärken bewusst werden wollen, indem wir diese selektiv wahrnehmen. Der erste Schritt besteht darin, die eigenen Stärken zu registrieren, der zweite, darüber auch sprechen zu können und dazu zu stehen.

Bei einem meiner Seminare mit dem Titel »Glücklich gründen« teilte ich die Teilnehmer in Zweiergruppen ein und forderte sie auf, sich gegenseitig von drei ihrer Stärken zu berichten, die ihnen für Akquise-Aktivitäten im Rahmen ihrer Existenzgründung nützlich sein könnten. Diese Übung ist gar nicht so leicht, wie man denkt. Da ich um die stärkende Wirkung der Übung weiß, habe ich sie in den letzten Jahren oft in unterschiedlichen Seminaren eingesetzt – mit Erfolg, denn sie ist einfach durchzuführen und durch ihre wohltuende Wirkung sehr beliebt.

Doch in diesem Seminar gab es eine Teilnehmerin namens Paula, die sich schlichtweg weigerte. »Das mache ich nicht. Da fällt mir sowieso nichts ein und laut sagen werde ich das schon mal gar nicht. Ich kann sowieso keinen überzeugen.« Ich war wirklich perplex, denn gerade diese Teilnehmerin wirkte ganz selbstbewusst und hatte eine ausgesprochen tolle Idee für ihre Existenzgründung. Das war eine etwas schwierige und auch ungewöhnliche Situation in einem Seminar, doch ich fragte nach, denn sie klang ehrlich verzweifelt: »Warum denken Sie das?«

Sie erzählte: »Ich weiß, ich kann einfach nicht akquirieren, denn mir ist das total peinlich, mich so aufzudrängen. Sehen Sie, so auf die Leute zuzugehen und ihnen dabei die Vorteile aufzuzählen, die sie dann haben, wenn sie meine Dienstleistung in Anspruch nehmen, entspricht einfach nicht meiner Natur. So im Mittelpunkt zu stehen und die anderen zu überreden, mich so hervorzutun und dann nicht locker zu lassen – nee, das finde ich schrecklich. Das zählt nun wirklich nicht zu meinen Stärken. Ich weiß, dass meine Idee mit den Baby- und Kinder-Foto-Partys wirklich gut ist. Ich habe das schon ein paar Mal gemacht, und die Kunden waren total zufrieden, weil die Kinder riesigen Spaß hatten und die Mütter sich austauschen konnten. Ich fotografiere wirklich mit Leib und Seele und habe auch echt witzige Ideen für Motive, Hintergründe und die Bildkomposition, denn ich fotografiere ja, seit ich denken kann. Na gut, aber das können andere auch. Und akquirieren kann ich einfach nicht, das zählt nicht zu meinen Stärken.«

Es war mucksmäuschenstill geworden im Seminar, wir hörten ihr alle gespannt zu. Sie war so überzeugend in dem, was sie sagte, und sprach so begeistert von der Fotografie, dass sie uns alle damit beeindruckte. Sie gestikulierte lebhaft, ihre Augen lachten, die Stimme war fröhlich, kurzum: Sie lebte ihre Idee. Ich fragte sie, ob sie zu ihrem Einwand ein Feedback von den anderen Teilnehmern und mir haben wollte. Da kam so einiges zusammen: Sie wirkte vollkommen authentisch, leidenschaftlich, begeistert, dynamisch, kompetent und alles in allem sehr überzeugend. Als sie das alles über sich hörte, blühte sie noch mehr auf.

Paula ist ein gutes Beispiel dafür, wie enthusiastisch und überzeugend wir zu unseren Schwächen stehen und dabei bereit sind, unsere Stärken zu verleugnen. Wie oft machen wir uns bereitwillig und freiwillig klein? Unglücklicherweise fällt es uns nicht schwer, über unsere Schwächen zu reden – und das hängt mit unserer Wahrnehmung zusammen. Prüfen Sie sich doch einmal: Wie gehen Sie mit Feedback um? Nach einer Präsentation, einer Feier, die Sie veranstaltet haben, oder nach einem Gespräch mit Ihrem Vorgesetzten? Wahrscheinlich bekommen Sie weitaus mehr positive Rückmeldungen, aber vielleicht mischt sich auch eine kritische Äußerung darunter. Was bleibt bei Ihnen hängen – das viele Gute oder die Kritik?

Das Seminar nahm übrigens noch ein richtiges Happy End, denn nach Paulas Vortrag und dem Feedback der anderen Teilnehmer beschlossen wir, dass jeder Teilnehmer nun einen »Vortrag« über seine Schwächen und Stärken halten sollte, für den es dann von den anderen ein Feedback gab. Die wohltuende Wirkung begleitete uns auch noch am zweiten Seminartag.

Mut-Mach-Tipp

Das Beste kommt zum Schluss! Üblicherweise geben wir zunächst positives Feedback und sprechen dann die Punkte an, die uns negativ aufgefallen sind. Ich weiß nicht, wie es Ihnen geht, aber meistens rauscht das Positive dann an uns vorbei, weil wir auf die negativen Rückmeldungen warten. Das Gute findet so gar nicht erst richtig Gehör – und das ist schade! Wenn Sie jemandem Feedback geben, sollten Sie Folgendes beachten: Erwähnen Sie zuerst das, was Ihnen nicht so gut gefallen hat, und danach das Positive, denn das ist das letzte Bild, was uns in Erinnerung bleibt!

Positives Feedback ist Treibstoff für unseren Mut. Wenn es uns gelingt, unsere Stärken anderen gegenüber laut kundzutun, ohne dass wir innerlich vor Scham im Boden versinken, dann ist das ein hörbares Indiz dafür, dass wir zu unseren Stärken stehen.

Mut-Mach-Übung: Stärken aussprechen

Stellen Sie sich aufrecht hin und sagen Sie laut und deutlich die Stärken auf, die Sie bei der Übung »Tankstelle für mein Selbstvertrauen« auf Seite 124 notiert haben. Üben Sie das ruhig erst einmal vor dem Spiegel und schauen Sie, ob Sie eine Veränderung im Laufe des Übens bei sich beobachten. Kommen Ihnen die Stärken schon flüssiger von den Lippen, klingt Ihre Stimme begeistert, finden Sie sich überzeugend? Wenn Sie fortgeschritten sind, dann üben Sie das vor Freunden.

Nur für den Fall, dass Sie diese Wirkung noch verstärken möchten, dann empfehle ich Ihnen nicht nur das Üben vor Freunden, sondern möchte Sie dazu ermutigen, die Perspektive zu wechseln und sich vorzustellen, was die Menschen aus ihrem Umfeld noch Positives über Sie berichten würden, wenn Sie sie befragen würden.

Trainer gesucht

Wenn wir üben, selbstbewusst und voller Selbstvertrauen zu agieren, können wir dennoch immer mal wieder Menschen begegnen, die es sofort und unter Garantie schaffen, dass wir uns klein und schlecht fühlen. Irgendetwas scheint in uns getriggert zu werden – und schon verpufft unser Selbstvertrauen. Nun können wir sicherlich dem einen oder anderen Menschen aus dem Weg gehen. Aber wenn es sich dabei um Kollegen, Nachbarn oder gar Familienmitglieder handelt, ist das nicht ohne Weiteres realisierbar. Doch für einen »leichteren« Umgang mit diesen Mitmenschen gibt es eine wunderbar effektive Übung, die ich im Rahmen meiner Coach-Ausbildung bei Professor Barbara Schott gelernt habe. Ich wende diese Übung oft persönlich an, und seitdem gibt es kaum noch Begegnungen, die mich aus der Bahn werfen können. Wenn es dennoch geschieht, dann ärgere ich mich aber auch nicht mehr, sondern nehme einfach nur zur Kenntnis, dass ich noch ein bisschen weitertrainieren muss …

Mut-Mach-Beispiel: Carolin, 37

Carolin war vor Kurzem mit ihrer Familie in eine neue Stadt gezogen. Die neue Nachbarschaft war ihrer Ansicht nach »nicht ohne«.

Sie berichtete: »Die Atmosphäre war alles andere als freundlich – gut, nicht auf den ersten Blick, da wirkte alles noch sehr schick und nett – deshalb hatten wir uns auch entschlossen, das Haus zu mieten. Aber Sie ahnen nicht, was da alles so unter den Teppich gekehrt wird, damit die Oberfläche auch weiterhin schön poliert wirkt.

Wir wurden gleich reihum zum Essen eingeladen, besonders häufig von unserer direkten Nachbarin. Dabei erfuhren wir so nach und nach immer mehr über die Nachbarschaft. Auch, warum unsere Vorgänger sich nicht nur Freunde gemacht hatten, dass sie ja … und er erst … und dann noch die Kinder – das alles bei einem gepflegten Wein mit freundlicher Miene, sie meinte es ja auch nicht böse und wollte auch nichts Schlechtes sagen, aber … Mit Aufrichtigkeit und Authentizität war es da nicht weit her. Ich habe das Gefühl, dass ich mich immer verleugnen muss. So einen großen Teppich kann ich mir gar nicht kaufen, unter den all das passt, was ich darunterkehren möchte. Ich finde das mit meiner Nachbarin so anstrengend und traue mich nicht mehr, meine Meinung zu sagen. Ich merke, dass ich mich immer weiter zurückziehe, um meiner Nachbarin aus dem Weg zu gehen, denn ich kann und will mich nicht noch weiter verbiegen. Ich bin also Meisterin im ›Nachbarschafts-Slalom‹ geworden, also darin, einen Bogen um meine Nachbarin zu machen. Ich kann es aber so nicht mehr aushalten, denn ich spüre ihre Ablehnung, und das schmerzt. Entweder wir ziehen weg oder ich muss sonst etwas ändern. Aber mir ist auch klar geworden, dass ich so sein möchte, wie ich bin und nicht anders.«

Mit Komfortzone hatte Carolins Leben nichts zu tun, denn es war für sie alles andere als komfortabel. Wenn wir uns von anderen abgelehnt und zurückgewiesen fühlen, dann kann das dazu führen, dass wir uns auch selbst ablehnen. Wie sollen wir uns auch lieben und akzeptieren, wenn es die anderen nicht tun? Aus diesem Grund ist es unerlässlich, dass wir dieser Abwärtsspirale Einhalt gebieten, indem wir diese Mechanismen erkennen und proaktiv mit unserem Verhalten durchbrechen.

Ich machte mit Carolin die »Trainerschild-Übung« und forderte sie auf, sich zu überlegen, was das Verhalten ihrer ungeliebten Nachbarin mit ihr genau machte. Denn so, wie ich es verstanden hatte, fühlte sie sich deswegen zwar oft schlecht, aber ihr war ja doch auch klar geworden, dass sie so sein wollte, wie sie ist, und nicht anders. Carolin nickte: »Stimmt, eigentlich sorgt sie dafür, dass ich mich überhaupt nicht mehr verbiegen lasse.« Wir arbeiteten heraus, dass Carolin – so schwer es auch auf den ersten Blick zu erkennen sein mochte – dadurch an innerer Stärke gewonnen hatte und erstaunlicherweise selbstbewusster wurde. Sie hatte nicht mehr das Bedürfnis, etwas unter den Teppich zu kehren, nur damit sie ihre Ruhe hat. Ganz im

Gegenteil, sie war bereit, mehr und mehr zu sich und ihrer Meinung zu stehen. Ich hakte nach: »Dann kann man das ja fast so sehen, als ob Ihre Nachbarin Ihre persönliche Trainerin für innere Stärke und Selbstvertrauen ist, oder?« Erfahrungsgemäß fällt es Klienten anfangs schwer, die gute Seite ihres ja durchaus ernst zu nehmenden Problems zu entdecken. Auch Carolin zögerte. So ermutigte ich sie, sich auf ein kleines Gedankenexperiment einzulassen, und bat sie, an das Gesicht ihrer Nachbarin zu denken und sich vor deren Stirn ein Schild vorzustellen – eines jener Schilder, wie es Makler vor Häusern aufstellen, die zum Verkauf stehen. Dabei konnte Carolin die Form, die Farbe, die Größe, die Schriftart und den Stil frei wählen. Sie entschied sich für ein rundes gelbes Schild mit einer knallgrünen Blockschrift in großen Lettern, das außen herum noch mit einer blinkenden Leuchtkette geschmückt war, wie wir es vom Jahrmarkt kennen. Diese Idee bringe ich ganz gern ins Spiel, damit das Schild optisch gewinnt. Als sie das Schild ganz klar imaginiert hatte, musste noch der Text eingefügt werden: *Carolins persönliche Trainerin für innere Stärke und Selbstvertrauen.*

Die Vorstellung gefiel ihr ganz offensichtlich. Nun ging es noch um den Preis. Denn ob es Klavierunterricht, eine Massage oder eine Handwerkerstunde ist: Alles hat seinen Preis – und so eben auch eine persönliche Trainerstunde. Ich fragte Carolin, wie wertvoll es für sie ist, dass sie in puncto innerer Stärke und Selbstvertrauen trainieren konnte. Sie stutzte. »Ihre Nachbarin trainiert Sie jeden Tag darin, mehr Selbstvertrauen zu entwickeln, oder?« Carolin nickte. »Und wenn Ihre Nachbarin so weitermacht, dann werden Sie doch eines Tages zu einer stabilen inneren Stärke und ausreichend Selbstvertrauen gelangt sein, oder?« Wieder nickte sie: »Wenn die so weitermacht, dann dauert das auch nicht mehr lange!« »Gut, wie viel wäre Ihnen eine Trainerstunde wert, durch die Sie das erreichen«, fragte ich sie. Carolin schmunzelte. Sie hatte verstanden. »Naja, das wäre mir bestimmt 50 Euro pro Stunde wert«, erklärte sie. Ich fragte sie nochmals, ob das nicht zu billig für so etwas Bedeutsames wie ein gesundes Selbstvertrauen sei. Sie erhöhte den Stundenlohn auf 300 Euro, denn ihre Nachbarin war ja tatsächlich eine Meisterin ihres Faches. Nun sollte sie in Gedanken noch »Sonderpreis: Nur 300 € pro Stunde« zu dem Schriftzug hinzufügen. Dann wies ich sie darauf hin, dass ihre Nachbarin, die sonst eigentlich so einen hohen Stundenlohn hat, sie – ohne es selber zu wissen – jeden Tag kostenlos trainiert und dass das doch sehr großzügig sei.

Carolins persönliche Trainerin für
innere Stärke und Selbstvertrauen
300 € pro Stunde

Carolin lachte. »Undercover und gratis … Wie nett von ihr!« Ich fragte sie, wann sie das nächste Mal wieder ihre persönliche Trainerin treffen würde, und bat sie, sich die Begegnung vorzustellen. Wohlgemerkt, die Begegnungen waren sonst stets sehr schmerzhaft für sie gewesen. Doch jetzt konnte ich in Carolins Gesicht ablesen, dass das beim nächsten Mal nicht der Fall sein würde. Die Vorstellung, dass sie nicht auf die gefürchtete Nachbarin, sondern auf ihre kostenlose »Undercover-Trainerin« treffen würde, gefiel ihr offensichtlich. Sie war neugierig gespannt, wie sich das nächste Treffen gestalten würde, und genau diese Haltung würde sich auf die Begegnung auswirken. Sie würde ihrer Nachbarin nun mit einer anderen Erwartungshaltung und dadurch mit einer gänzlich anderen Körpersprache begegnen können.

Vorstellungen bestimmen unser Verhalten … Statt Angst und Zweifel gesellten sich nun Humor und Neugier dazu. Ein paar Wochen später kam Carolin wieder zu mir und berichtete, dass ihr der Umgang mit ihrer Nachbarin inzwischen sehr viel leichter fiel, denn sie hatte bei ihren Begegnungen immer das Schild vor Augen. Mit dem Nachbarschafts-Slalom hatte sie aufgehört und war erleichtert, dass sie sich nun auch mal Gedanken über andere Dinge machen konnte. Wenn es ihr mit der Nachbarin zu bunt wurde, dann sagte sie ihr einfach freundlich, aber entschlossen die Meinung. »Wissen Sie, es gibt so viele andere Dinge, die mir wichtig sind, ich möchte meine Zeit damit nicht mehr verschwenden.«

Wenn Sie es auch manchmal mit Menschen zu tun haben, bei denen Sie das Gefühl haben, dass sie Ihnen das Leben schwer machen oder an Ihrem Selbstvertrauen »sägen«, dann gehen Sie doch auch einmal ins »Trainingslager«. So haben Sie eine Methode an der Hand, mit der Sie die Entscheidungsfreiheit zurückbekommen, welchen Einfluss das Verhalten eines anderen auf Sie haben darf. Sie sind dann in der Lage, *pro*aktiv und nicht *re*aktiv zu handeln.

Mut-Mach-Übung: Trainerschild

- Denken Sie an jemanden, der an Ihrem Selbstvertrauen sägen kann und den Sie lieber nicht so oft treffen würden. Schließen Sie die Augen und stellen Sie sich dessen Gesicht vor. Denken Sie sich nun ein Schild Ihrer Wahl vor der Stirn der betreffenden Person.
- Wählen Sie nun Form und Farbe, Größe und Beschaffenheit sowie die Schriftart dieses Schildes aus.
- Worin werden Sie von demjenigen trainiert?

  ____

- Was bewirkt dessen Verhalten Gutes für Sie?

  ____

- Wie viel ist Ihnen das pro Stunde wert?

  ____

- Um was für eine Art Trainer handelt es sich: exklusiv, persönlich, Regional- oder Bundesliga?

  ____

- Wenn Sie die Eckdaten festgelegt haben, dann beschriften Sie das Schild. Mein Tipp: Bringen Sie an dem Schild ruhig auch eine bunte blinkende Lichterkette an, damit Sie das Schild beim nächsten Treffen auch wirklich nicht übersehen.
- Nun beschriften Sie das untenstehende Schild nach Ihren Vorstellungen.

Mein Trainer für

__________ € pro Stunde

- Überlegen Sie, wann Sie die nächste Trainerstunde haben werden.

Vom Wahren der eigenen Grenzen

Ihre Grenzen bilden die Trennlinie zwischen Ihnen und Ihrer Umwelt. Wie viel Sie von sich nach außen lassen und wie viel Sie von außen zu sich durchdringen lassen, ist ganz allein Ihre Entscheidung. Die eigenen Grenzen zu wahren ist deshalb von elementarer Bedeutung! Wenn wir das nicht beherrschen, wird jede Äußerung von anderen, jede Kritik von außen und jede Grenzüberschreitung zu einer Verletzung Ihrer Seele führen, weil sie *ungefiltert* durchkommt. Es stellt sich die Frage, wie *durchlässig* Sie sind.

Durchlässigkeit beschreibt die Fähigkeit, Nähe und Offenheit im Zusammenspiel mit anderen Menschen zu regulieren. Es ist ein Konstrukt, das in einem psychologischen Test zum Selbstbild, dem Gießen-Test (Beckmann 1990), gemessen wird. Ganz bildlich gesprochen können Sie sich die Funktionsweise von Durchlässigkeit als eine Art Netzstoff vorstellen, dessen Maschengröße reguliert, was an Sie herankommt und was eben auch nicht.

Wenn alles ungefiltert über Sie herüberschwappen kann, dann sind Sie dem schutzlos ausgeliefert. *Permanente Grenzverletzungen wären die schmerzliche Konsequenz.* Mir hilft dabei das Bild der Ritterburg: Ihre Seele befindet sich im Burghof, jedoch ist die Zugbrücke immer unten und alles kann unbesehen hineinspazieren. Nun können Sie sich sicherlich lebhaft vorstellen, dass es ständig zu Grenzüberschreitungen kommt, denn die Grenze funktioniert de facto ja nicht, wenn die Zugbrücke immer unten ist. Und jedes Mal, wenn Sie Ihre Grenze nicht schützen, kann es im schlimmsten Fall zu einer Verletzung Ihrer Seele führen. Diese Verletzlichkeit bringt unser Selbstvertrauen ins Wanken. Schützen Sie daher Ihr »Selbst«, indem Sie Ihre Grenze schützen.

Einige meiner Klienten leiden darunter, dass sie das Verhalten anderer so übergriffig finden. Wenn das Coaching dann in Richtung **Grenzwahrung** geht und das Selbstvertrauen eine Stützung erfährt, verschwinden die *Probleme* oder werden zumindest sehr gut handhabbar.

Ein **stabiles Selbstvertrauen** setzt voraus, dass wir wissen, wo unser »Selbst« anfängt und wo es auf »Anderes« trifft. Die Grenzsicherung ist ein überaus aktiver Vorgang, denn Sie legen Ihre Grenzen selbst fest – kein anderer. Deshalb fragen Sie sich nicht »Wo liegen meine Grenzen?«, sondern:

- Wo ziehe ich meine Grenze?
- Was lasse ich heute durch, was nicht?
- Bei wem möchte ich mehr »durchlassen«, bei wem nicht?

Das ist für mich eine der bedeutsamsten Erkenntnisse gewesen: *Ich ziehe meine Grenzen!* Sehen Sie, deshalb kann ich auch entscheiden, was mich kränken kann und was nicht! Und meine Grenzen sind sehr variabel: Bei einigen Menschen bleibt die Zugbrücke ständig oben, bei anderen entscheide ich von Fall zu Fall, bei einigen wenigen Menschen ist meine Zugbrücke recht oft unten. Ich kann das heutzutage ganz bewusst regulieren, das ist für mich nicht nur ein wirklicher Erfolg, sondern führt dazu, dass ich sehr entspannt viel Selbstvertrauen haben kann.

Bei **Grenzüberschreitungen** kommt es darauf an, wie wir damit umgehen wollen. Denn dann müssen wir nicht einfach gekränkt, verärgert, verletzt oder getroffen sein, sondern können uns entschließen, übergriffige Bemerkungen gar nicht erst anzunehmen. Wir haben die Wahl! Ehrlich gesagt ärgere ich mich eigentlich so gut wie gar nicht mehr über andere – nur wenn es zu einem Blitzangriff kommt, mit dem ich überhaupt nicht gerechnet habe. Dafür kann ich alles ansprechen, denn meine Grenzen zu wahren ist mir so wichtig, dass ich alles anspreche. Freundlich, aber klar und bestimmt!

Einem Klienten von mir half das Bild des Ritters auf seiner Ritterburg so gut, dass er, obwohl er eigentlich längst hatte kündigen wollen, einen Weg fand, klare Grenzen zu ziehen: Wenn sein Chef wieder laut polterte und ihn völlig zu Unrecht »zusammenfaltete«, dann zog er innerlich seine Zugbrücke hoch, atmete 3x tief durch und war in der Lage, diesen Abgriff abzuwehren.

Mut-Mach-Tipp

Ziehen Sie Grenzen! Üben Sie das! Freuen Sie sich, wenn Sie merken, dass jemand über Ihre Grenzen gebrettert, gegangen oder sich unauffällig geschlichen hat. Denn wenn Ihnen das bewusst wird, bedeutet es, dass Sie für sich wissen, wo Ihre Grenzen liegen. Wunderbar! Sie können dann nach und nach sensibel dafür werden und bemerken »Angriffe« immer schneller, sodass Sie Ihre Zugbrücke schnell hochziehen und sich dadurch schützen können.

Stehen Sie zu sich, indem Sie Ihre Grenzen ernst nehmen und schützen. Wenn Sie eine Strategie haben, wie Sie mit grenzüberschreitendem Verhalten umgehen, wird es Ihnen von Mal zu Mal leichter fallen. Nur Mut!

Hilfreiche Strategien, mit denen Sie Ihre Grenzen wahren können:

- Erst einmal tief durchatmen, damit Sie sich nicht zum Gegenangriff verführen lassen.
- Gehen Sie aus der Situation, indem Sie sagen: »Da möchte ich jetzt erst einmal in Ruhe drüber nachdenken, ich komme wieder auf dich zu.«
- Machen Sie Ihren Standpunkt klar: Richten Sie sich gerade auf, machen Sie Ihr Kreuz breit, ermutigen Sie sich »Yes, I can« und sagen Sie klar und deutlich: »Das sehe ich anders und wir können uns gern später darüber unterhalten.«
- Wenn Sie nicht sofort reagieren, haben Sie eher die Chance, noch einen klaren Gedanken fassen zu können, denn dann wird Ihre Großhirnrinde nicht so stark von den Gefühlszentren überlagert.
- Ziehen Sie in Gedanken Ihre Zugbrücke noch einmal hoch, dann sind Sie sicher!

Mut-Mach-Impuls:

Ich werde es üben, meine Grenzen zu ziehen, damit …

____

Und warum noch? ____________________________

Und warum noch? ____________________________

Und warum noch? ____________________________

Wenn wir unsere Seele schützen können, dann können wir auch dafür sorgen, dass es uns gut geht. Wir sind keine Opfer von feindseligen Angriffen, sondern Gestalter unserer Grenzen!

Der Schritt in die Wachstumszone

»Nicht weil es schwer ist, wagen wir's nicht,
sondern weil wir's nicht wagen, ist es schwer.«
Lucius Annaeus Seneca

Sie kennen nun Ihre Stärken und können zu sich stehen. Sie wissen nun, wie Sie Ihre eigenen Grenzen wahren, und können sich bewusst für persönliches Wachstum entscheiden. Wagen wir es! Es ist Zeit für den nächsten Schritt, den Schritt in die Wachstumszone.

»Man muss mutig sein, um erwachsen zu werden.«
Piet, 19

Die Wachstumszone

»Selbstdenken ist der höchste Muth. […]
Wer wagt selbst zu denken, der wird auch selbst handeln.«
Bettina von Arnim

Auf den Spuren Walt Disneys

Der *Träumer* in Ihnen hat bereits ausgiebig geträumt. Jetzt ist zunächst der *Realist* in Ihnen gefragt, bevor der *Kritiker* zum Zuge kommt.

Abb. 16: In der zweiten Phase der Walt-Disney-Strategie

Übrigens: Damit die Trennung der drei unterschiedlichen Rollen gut gelingen konnte, hatte Walt Disney in seinem Unternehmen drei unterschiedliche Räume eingerichtet, die auf die jeweilige Rolle hin zugeschnitten waren. Jeder Position hat er also im wahrsten Sinne des Wortes Raum gegeben.

- *Der Raum des Träumers* war sehr verspielt, bunt und fröhlich.
- *Der Raum des Realisten* war eher nüchtern und mit den unterschiedlichsten technischen Möglichkeiten ausgestattet.
- *Der Raum des Kritikers* war nicht sonderlich groß und sehr schlicht gehalten.

Keine faulen Kompromisse

Manchmal bekommen wir schon bei der Planung – wenn wir also in die Rolle des Realisten schlüpfen – weiche Knie, weil die bislang nur erträumte Veränderung nun doch recht plötzlich nahe rückt und durch die Planung konkret und umsetzbar wird. Mit dem Gedanken an Veränderungen spielen wir oft – aber eben nur rein hypothetisch. »Was wäre, wenn …«-Spielchen im Kopf kennen wir alle. Da malen wir uns dann mitunter die wildesten und unmöglichsten Dinge aus, und mit dem Beenden dieses Gedankenexperiments ist die Sache dann auch erledigt. Nach außen hat sich ohnehin nichts verändert, und so ein paar Gedanken, die wir ein bisschen munter drauflosdenken, machen ja nichts. Doch das ändert sich mit dem Eintritt in die Wachstumszone elementar, denn hier äußern Sie wirklich explizit den Willen, etwas zu verändern. Der Wunsch nach etwas anderem oder Neuem ist so groß, dass Sie diesen Schritt nun gehen wollen – quasi »raus aus dem Kopf« und »hinein ins wirkliche Leben«.

Die Wachstumszone ist im Grunde genommen die Schnittstelle zwischen Traum und Wirklichkeit. Und da dürfen Sie ruhig auch einmal kalte Füße bzw. weiche Knie bekommen. Sie haben jetzt erfolgreich die Traumzone durchschritten, Selbstvertrauen getankt und gehen – zumindest einmal planerisch – konkret die Veränderung in Ihrem Leben an. Die kommt uns nun doch viel näher, und aus lauter Angst streben wir vielleicht nur noch eine sehr viel geringfügigere Veränderung an, damit es nicht so einschneidend für uns wird. Angst- und Komfortzone lassen grüßen. Und schon laufen wir Gefahr, uns auf faule Kompromisse einzulassen.

Warum sind solche abgemilderten Alternativlösungen *faul*? Nun, wir haben ja etwas anderes geträumt, und nun verlässt uns unterwegs der Mut. Aber kennen Sie den Spruch »Think big«? Denken Sie doch erst einmal »groß« und planen Sie auch »groß«.Jetzt ist nicht die Zeit für faule Kompromisse! Nur Mut!

Projektmanager in eigener Sache

»Es gibt nichts Gutes, außer man tut es.«
Erich Kästner

Der Realist – manchmal auch als »Macher« bezeichnet – fungiert als Projektmanager in eigener Sache. Er hat die Aufgabe, Ihre Träume in die Realität umzusetzen. Zur Planung der erforderlichen Etappen beschäftigt er sich mit folgenden Fragen:

- Was ist zu tun?
- Was ist dafür bereits vorhanden, worauf können wir zurückgreifen?
- Welche Materialien werden außerdem benötigt?
- Welche Kompetenzen sind noch erforderlich?
- Wie viele Etappen und Etappenziele gibt es?
- In welchem Zeitraum ist die Idee realisierbar?
- Können Sie die Idee im Vorfeld austesten?

»Im Leben muss ich immer wieder neuen Mut finden. Ich brauche ihn immer wieder und er trägt mich weiter. Es war immer gut und richtig, wenn ich diesen Mut in die Tat umgesetzt habe.«
Hanna, 55

Ich möchte Sie nun ausdrücklich dazu ermutigen, die nächste Übung durchzuführen und Ihre Gedanken tatsächlich aufzuschreiben. Warum? Nun, wenn ich mit einem Klienten arbeite, dann notiere ich oft das Gesagte auf Moderationskarten, die ich vor meinem Klienten hinlege. Das heißt, mein Klient kann in Ruhe »laut denken«, während ich die Schlüsselworte festhalte. Am Ende eines Coachings bitte ich den Klienten dann, die Sammlung von Karten anzuschauen – das können insgesamt fünf oder auch schon mal um die 20 sein – und zwar zunächst im Sitzen und dann im Stehen, damit er die Details sieht und gleichermaßen auch einen Überblick erhält. Zum Abschluss frage ich, was er denkt, wenn er die Karten betrachtet. Viele meiner Klienten, wenn nicht sogar alle, empfinden es als sehr hilfreich, das Ergebnis ihres Denkprozesses noch einmal vor Augen zu haben. Eine Klientin erklärte mir die positive Wirkung so: »Es ist ja nicht so, dass ich die meisten Gedanken nicht schon kennen würde, aber so gebündelt und beieinander habe ich sie noch nie gesehen. Ich habe sie immer wieder im Kreis gedacht, und dann waren sie weg. Jetzt *sehe* ich sie zum ersten Mal, und das fühlt sich unglaublich gut an. Ich muss jetzt nicht immer wieder von vorn anfangen zu denken, sondern habe nun eine richtige Grundlage geschaffen. Das ist ganz anders, als es nur zu denken oder zu erzählen. Darauf kann ich in Zukunft aufbauen.« Sie hat recht! Schreiben auch Sie Ihre Gedanken auf, dann sind sie jederzeit sichtbar.

»Nicht nur Hoffnung zu haben, sondern zu probieren, ob sie sich bewahrheitet; Mut ist für mich also der Faktor, der den Unterschied zwischen Hoffnung haben und die Sache angehen darstellt.«
Manuel, 16

Mut-Mach-Übung: Projektmanager in eigener Sache

Erinnern Sie sich an ein Projekt in Ihrem Leben, das Sie voller Tatkraft, clever und ganz pragmatisch mit Erfolg durchgeführt haben. Genießen Sie das gute Gefühl von damals, denken Sie fest an die Situation, atmen Sie tief durch und krempeln Sie gedanklich die Ärmel hoch. Los geht's: Wählen Sie einen Ihrer Träume aus, den Sie in die Wirklichkeit umsetzen möchten. Nun gehen Sie ganz zielgerichtet vor und beantworten die folgenden Fragen:

Mein Traumprojekt:

- ______________________________

Für die Realisierung sind folgende Schritte erforderlich:

- ____
- ____
- ____

An Wissen, Material und Ressourcen bringe ich mit ein:

- ____
- ____
- ____

Ich benötige außerdem noch:

- ____
- ____
- ____

Um Rat fragen könnte ich:

- ____

Mein Projekt lässt sich in die folgenden Etappen einteilen:

- ____
- ____
- ____

Voraussichtlich benötige ich insgesamt __________ Wochen dafür.

Die Chancen, die ich damit verbinde, sind:

- ____
- ____
- ____

Nun betrachten Sie noch einmal Ihre Antworten: Wie fühlt es sich für Sie an? Stehen Sie ruhig einmal auf und betrachten Sie nun die Antworten mit etwas mehr Abstand – wie geht es Ihnen jetzt? Nachdem Sie ganz pragmatisch vorgegangen sind, bringt Sie der nächste Mut-Mach-Impuls nun auf die Gefühlsebene:

Mut-Mach-Impuls:

Ich freue mich unglaublich darauf, meinen Traum mit Leben zu erfüllen, weil …

____

Und warum noch? ______________________________

Und warum noch? ______________________________

Und warum noch? ______________________________

Wenn du das machst, …

»Man kann in Kinder nichts hineinprügeln, aber vieles herausstreicheln.«
Astrid Lindgren

Mit dem Satz »Wenn du das machst …« verbindet man in der Regel nichts Positives, sondern eher eine Warnung oder Drohung. Wenn wir diese Worte hören, sehen wir sprichwörtlich einen erhobenen Zeigefinger. Diese Wortkombination kann dazu führen, dass Sie sich sofort entmutigt und klein fühlen. Das wird Sie aber auf Ihrem Weg in die Mutzone ausbremsen. Deshalb ist es an der Zeit, diesen Satz *umzudeuten* und ihm eine ermutigende und positive Bedeutung zu verleihen.

Mit dem Versuch, Ziele in sich hineinzuprügeln oder hineinprügeln zu lassen, mit Drohungen und Warnungen werden unsere Lebensfreude, Motivation und unser persönliches Wachstum nicht gerade geweckt, sondern wir fühlen uns entmutigt und eingeschüchtert. Unter Druck können wir nicht gut und erfolgreich agieren. Wir sollten uns also lieber positiv ermutigen.

Mut-Mach-Übung: Werbefilm für Träume

- In dieser Übung geht es darum, dass Sie sich mindestens 5 positive Effekte ausmalen, die Sie mit der Erfüllung Ihres Traums verbinden.
- Sie müssen Sie nicht in den nächsten 3 Minuten aufschreiben. Nehmen Sie sich Zeit dafür und malen Sie sich die gute Wirkung auf Ihr Leben in Ruhe aus.
- Vielleicht hilft es Ihnen, wenn Sie dabei die Augen schließen und Ihre Gedanken fließen lassen.
- Vielleicht mögen Sie in Ihrem Kopf eine Art »Traum-Film« drehen, mit Ihnen in der Hauptrolle.
- Je bunter und realistischer dieser Film wird, desto leichter werden Sie die positiven Effekte wahrnehmen können.
- Wie bei einem Werbespot untermalen Sie Ihren Film jetzt noch mit einer schönen Melodie und tauchen die Bilder in Farbe.
- Versehen Sie ihn noch mit der Unterschrift »Wie schön, dass ich nun meinen Traum lebe …«
- Probieren Sie es aus!
- Und wenn Sie Ihren Film nun gedreht haben, dann notieren Sie bitte jetzt 5 positive Effekte:

1. ____________________ 2. ____________________

3. ____________________ 4. ____________________

5. ____________________

Wenn Sie mit einem guten, sicheren Gefühl an die positiven Effekte denken, die Sie mit der Realisierung Ihres Projekts verbinden, dann können Sie daraus Kraft schöpfen und auch mögliche Hürden leichter meistern.

> »Mut ist, über sich selbst hinauszuwachsen und Dinge zu tun, die nicht alltäglich sind.«
> Grit, 44

Ein wohlwollender Kritiker

»Wer das Ziel kennt, kann entscheiden; wer entscheidet, findet Ruhe; wer Ruhe findet, ist sicher; wer sicher ist, kann überlegen; wer überlegen kann, kann verbessern.«
Konfuzius

Abb. 17: In der dritten Phase der Walt-Disney-Strategie

In der dritten und letzten Phase nehmen Sie nun die Perspektive eines **wohlwollenden Kritikers** ein. Das mit dem Wohlwollen ist besonders wichtig, denn es geht nicht darum, destruktive Gegenargumente für die Ideen zu finden, sondern konstruktiv zu deren Umsetzung beizutragen. Als Kritiker gehen Sie analytisch und rational zu Werke, damit Sie die Ideen durch Ihre analytische Arbeitsweise **bereichern**. Die wesentlichen Fragen dabei lauten:

- Was sind die Stärken und Schwächen dieser Idee?
- Worin liegen potenzielle Risiken und Chancen?
- Was kann verbessert werden?
- Was wurde übersehen?
- Was fehlt noch?

Mut-Mach-Übung: Wohlwollende Kritik

Erinnern Sie sich an eine Situation in Ihrem Leben, an die Sie sehr analytisch herangegangen sind – und das mit Erfolg. Mit dem guten Gefühl von damals atmen Sie tief durch und gehen mit hellwachem Verstand vor. Los geht's: Betrachten Sie nun die Ergebnisse des Realisten und beantworten die folgenden Fragen:

Die Stärken der Idee:

- ______________________________
- ______________________________
- ______________________________

Die Schwächen der Idee:

- ______________________________
- ______________________________
- ______________________________

Potenzielle Risiken:

- ______________________________
- ______________________________
- ______________________________

Potenzielle Chancen:

- ______________________________
- ______________________________
- ______________________________

Achtung, daran muss noch gedacht werden:

- ______________________________
- ______________________________
- ______________________________

Das ist noch zu verbessern:

- ______________________________
- ______________________________
- ______________________________

Lesen Sie die Antworten durch und – falls erforderlich, weil noch einige Fragen ungeklärt oder offen sind – beginnen Sie den Kreativitätsprozess noch einmal von vorn, und zwar so lang, bis es nichts mehr zu optimieren gibt.

Wenn Sie in dieser Methode noch ungeübt sind, dann benötigen Sie dafür sicherlich einige Zeit. Aber Sie werden sehen, dass Sie dadurch zu ungeahnter Kreativität gelangen.

Planen Sie Ihr eigenes Kick-off-Meeting

In einem Artikel, der mir vor einiger Zeit in die Hände fiel, hat mir eine Stelle über Kick-off-Meetings sehr gefallen. Darin wurde der Schwerpunkt auf die **ermutigenden Signale** eines solchen Meetings gelegt, weil der Auftakt eben über den weiteren Weg entscheidet. Wenn Sie mit ganzem Herzen in Ihr Projekt starten, Ihre Energie darauf konzentrieren, an den Erfolg glauben und darüber hinaus noch voller Begeisterung sind, dann sind das großartige Voraussetzungen!

»Mut ist Energie, die jetzt zur Verfügung steht.«
Michaela, 51

Planen Sie Ihr persönliches Kick-off-Meeting so ernsthaft, wie Sie eine tolle Feier planen – mit allen dazugehörigen Elementen, einer besonderen Dramaturgie und der entsprechenden Vorbereitungszeit. Je sorgfältiger und klarer Sie die einzelnen Aspekte im Blick haben, desto größer wird die motivierende Wirkung sein. Denn das ist die Hauptfunktion eines solchen Meetings: Motivation! Wichtige »Tagesordnungspunkte« sind:

- Ziel Ihres Projekts
- positive Effekte
- Projektphasen

- Aufgabenpakete
- ermutigende Signale

Zugegeben: Anders als sonst üblich sind Sie bei diesem Meeting nicht Teil eines Projektteams, aber Sie spielen die Hauptrolle, denn Sie vereinen die einzelnen Rollen in sich. Wenn Sie den Auftakt für Ihr Projekt schön und feierlich gestalten, können Sie auch rein äußerlich einen festlichen Rahmen wählen.

Das wäre mir noch vor ein paar Jahren ziemlich lächerlich vorgekommen – aber nur, weil ich damals noch nicht das Stichwort der **Selbstfürsorge** kannte. Eine Freundin ist mir ein wirkliches Beispiel darin, denn ich erinnere mich noch gut daran, dass sie mir vor drei Jahren nach einer erfolgreichen Uni-Prüfung berichtete, wie sie den Erfolg gefeiert hatte. Sie hatte sich mit einer schönen Zeitschrift in ein Café gesetzt und bestellte sich einen Latte Macchiato und ein Stück Apfeltorte mit Sahne. Wissen Sie, was mich an dieser Geschichte so beeindruckt hat? Das Café lag direkt gegenüber ihrer Wohnung – sie hätte also mit der Zeitschrift und dem Kuchen auch direkt nach Hause gehen und sich dort einen Kaffee kochen können. Aber das wäre eben nicht so feierlich gewesen! Aus diesem Grunde empfehle ich Ihnen das Kick-off-Meeting. Es entspricht der Aussaat, die für eine gute Ernte erforderlich ist.

Der Schritt in die Absprungzone

Den Weg in die Mutzone haben Sie nun schon zum größten Teil geschafft. Jetzt erwartet Sie der entscheidende Schritt zur Entfaltung Ihrer Persönlichkeit. Freuen Sie sich!

»Was mich ermutigen kann, ist das gute Gefühl danach.«
Metti, 19

Die Absprungzone

»Wer Großes versucht, ist bewundernswert, auch wenn er fällt.«
Lucius Annaeus Seneca

Noch mehr Mut durch Mut-Verstärker

Sie stehen nun in Ihrer persönlichen Absprungzone – nur einen Sprung von der Mutzone entfernt. Bis hierhin haben Sie bereits einen weiten Weg durch fünf Zonen zurückgelegt:

- Sie haben sich mit Ihren *Ängsten* auseinandergesetzt, Ihrer Angst einen *guten Platz* gegeben,
- Sie haben gelernt, was Ihnen nicht nur *eigentlich*, sondern *wirklich* wichtig ist und wie Sie Ihren Alltag so gestalten können, wie *Sie* es möchten, weil *Sie* sich wichtig sind, damit Sie *nicht mit angezogener Handbremse* fahren,
- Sie haben mithilfe der *Walt-Disney-Strategie geträumt*, sind Ihren *Wünschen* auf die Spur gekommen und haben Ihre *verlockende Zukunft* visualisiert,
- Sie haben *Selbstvertrauen* aufgebaut, gelernt, *zu sich zu stehen*, weil Sie Ihre *Stärken sichtbar* gemacht haben, und Sie sind in der Lage, *Ihre Grenzen* zu *wahren*,
- Sie sind zum *Projektmanager in eigener Sache* geworden und haben *Ihren wohlwollenden Kritiker* kennengelernt, sodass Sie Ihr *Kick-off-Meeting veranstalten* konnten, und
- nun sind Sie in der *Absprungzone!*

Sie haben alles unternommen, was in *Ihrer Macht* liegt: Sie haben sich nach Kräften *ermutigt* – denn all die bisher getanen Schritte sind Ihre *Mut-Verstärker*!

Mut-Mach-Tipp
Wann immer Sie finden, dass Sie etwas in Ihren Augen Mutiges getan haben, dann schreiben Sie es auf einen Zettel. Dazu reichen ein paar Stichworte, die Ihnen genau in Erinnerung rufen, welche Situation gemeint ist. Nehmen Sie ein schönes Glasgefäß und füllen Sie es nach und nach mit Ihren Mut-Verstärkern. Auf diese Art wissen Sie nicht nur rein theoretisch, wann Sie mutig waren, sondern Ihr Mut wird mit jedem Zettel sichtbar stärker und stärker sichtbar. Für den Fall, dass das mit dem Aufschreiben nichts für Sie ist, können Sie alternativ eine kleine Murmel, Erbse, Kastanie oder Sonstiges dort hineinlegen. Wenn Ihnen in puncto Mut Zweifel kommen, dann schauen Sie auf das bereits Geschaffte. Nur Mut!

Neulich rief mich abends eine Klientin an. Sie hatte am nächsten Tag einen wichtigen Termin, wurde aber doch noch von Nervosität übermannt und hatte »das Flattern« bekam. Ich konnte ihr Mut machen, indem ich Sie an Ihr Glasgefäß voller Mut-Verstärker erinnerte und sie aufforderte, sich die einzelnen Zettel noch einmal durchzulesen. Das half ihr.

Von Risiken und Nebenwirkungen

»Was wäre das Leben, hätten wir nicht den Mut, etwas zu riskieren?«
Vincent van Gogh

Doch es geht in der Absprungzone nicht nur um den Mut, den wir für uns selbst benötigen, sondern auch darum, ob unser mutiges Verhalten andere Menschen vielleicht auf unangenehme Weise tangiert. Patrick, einer meiner Klienten, bekam Angst vor seiner eigenen Courage, als er in der Absprungzone stand. Er hatte eine leitende Funktion in einem großen Unternehmen und hatte zu lange »Ja und Amen« gesagt – was ihm schon so manches Mal wirklich zum Nachteil gereicht hatte. Das hing mit seiner Existenzangst zusammen.

»Ich benötige Mut für das Verlassen von gewohnten Pfaden, wenn hierbei die wirtschaftliche Existenz der Familie negativ beeinflusst werden kann und bedeutende private Beziehungen negativ beeinträchtigt werden können.«
Markus, 46

Einige von Patricks Mitarbeitern waren in eine halb offene Revolte gegen ihn getreten. Sie vermissten seine Führungsstärke und eine klare Hierarchie, da in Wahrheit *sie* des Öfteren die Entscheidungen trafen, weil ihr Vorgesetzter ein »Totalausfall« war. Wir hatten während des Coachings herausgearbeitet, dass dieses Verhalten seine Wurzeln in Patricks Kindheit hatte, weil seine Eltern keinen Widerspruch geduldet hatten. Doch sein zögerliches Vorgehen war ihm mit jedem weiteren Karriereschritt immer mehr zum Verhängnis geworden, denn er konnte sich nicht gut durchsetzen, und seine Mitarbeiter nahmen ihn langsam aber sicher nicht mehr ernst. Die Grenze des Machbaren war erreicht, sodass wir im Coaching eine »mutige Strategie« für ihn erarbeitet hatten, mit der es ihm möglich wurde, mutig und entschlossen seine Grenzen zu stecken und sich durchzusetzen. Diese Strategie wollte Patrick das erste Mal bei einer größeren Sitzung anwenden. *Eigentlich*. Er traute sich nicht abzuspringen. So übten wir diese Situation mithilfe eines Rollenspiels ein:

Ich verkörperte seine Mitarbeiter. Doch als sein großer Auftritt kam, konnte er seine Emotionen nicht dosiert steuern und ging während des Rollenspiels einfach *zu weit*. Er nahm das Wort *Befreiungsschlag* zu wörtlich und polterte wild umher und verkündete, dass ab jetzt Schluss mit dieser »Ja und Amen«-Mentalität sei. Er würde sich jetzt nichts mehr bieten lassen usw. Wir besprachen anschließend das Rollenspiel, und Patrick meinte zerknirscht: »Ich bin eigentlich ganz stolz auf mich, aber ich glaube, wenn ich das wirklich so machen würde, dann halten mich die anderen für überheblich und anmaßend, oder?«

Auch wenn das stimmte – es war ja glücklicherweise nur eine Übungssituation –, so war diese Übung insofern wichtig, als sich endlich einmal all die Gefühle, die sich bei ihm angestaut hatten, ihren Weg bahnen konnten. Und selbstverständlich sind Risiken und Nebenwirkungen nicht ausgeschlossen, wenn jemand seine Grenzen sprengt und zu wachsen beginnt. Doch eines sollte dabei beherzigt werden: Wer über seine eigenen Grenzen hinauswächst, der sollte darauf achten, nicht die Grenzen anderer zu verletzen. Klarheit bedeutet ja nicht, dass wir durch mutiges Vorgehen die Grenzen anderer touchieren müssen.

In der Komfortzone lassen wir uns in unserem Verhalten nur allzu oft von falscher Rücksichtnahme leiten, und wenn wir lernen, uns davon zu befreien, lässt uns das wachsen. Damit wir nun aber nicht ins Gegenteil hinüberschnellen und *rücksichtslos* handeln, sollten wir in der Absprungzone den Blick für die Folgen unseres Verhaltens schärfen.

Denn Mut ohne Rücksicht kann schlichtweg skrupellos sein. Doch bei der Entfaltung unserer Möglichkeiten steht neben dem Überwinden und der gleichzeitigen Wahrung eigener Grenzen auch die Achtung vor den Grenzen der anderen im Fokus. Mut bedeutet ja eben nicht, seine Ziele auf Kosten anderer zu erreichen.

Risiken und Nebenwirkungen bedeuten, dass andere zunächst einmal sehr irritiert sein können, wenn wir aus gewohnten Mustern ausbrechen und nicht mehr »berechenbar« reagieren. Allerdings muss das Gegenteil nicht »unberechenbar« sein, sondern kann einfach »anders« oder »neu« sein. Um die Risiken und Nebenwirkungen zu minimieren, sollten wir unser neues Handeln mit Weitsicht versehen und vorausschauend handeln.

With a little help from my friends

»Im Grunde sind es immer die Verbindungen mit Menschen,
die dem Leben einen Sinn geben.«
Wilhelm von Humboldt

Wenn wir noch mal an die Frage »Was würde Sie ermutigen« denken und uns die Antworten der Teilnehmer ansehen, dann wissen wir: Es ist zum einen die Ermutigung von innen und zum anderen die Ermutigung von außen ist, die uns guttut. Mit anderen Worten: Jetzt sind mal die anderen dran!

Wir brauchen das Gefühl, dass unser Umfeld zu uns steht. Wir brauchen die Ermutigung von den Menschen, die wir lieben und die uns lieben. Dabei ist der folgende Aspekt von immenser Bedeutung: *Jeder von uns wünscht sich die Ermutigung für sich als Mensch und nicht für seine Ideen!*

Wenn die anderen und auch wir lernen, das eine von dem anderen zu trennen, müssen wir keine Angst mehr vor dem Urteil unserer Mitmenschen haben, sondern können auf deren Unterstützung um unseretwillen zählen. Wir möchten ja nicht, dass andere unsere Ziele, Träume oder Visionen *bewerten,* und wir brauchen auch nicht die *Erlaubnis* anderer, sondern wir möchten einfach nur Rückhalt haben – was immer wir auch tun.

»Ich glaube, dass negative Erlebnisse, die man überstanden hat, einen stärken, dass nichts so schlimm sein kann, dass man es nicht überlebt, und man so keinen Grund mehr hat, nicht mehr mutig zu sein. Auch Vorbilder sind ein Ansporn, etwas zu wagen. Außerdem sind Freunde und Familie, die einem im Falle des Unglücks beistehen, die beste Ermutigung.«

Charly, 18

Wie wichtig Anerkennung für uns ist, wurde mir neulich in einem Seminar an der Universität besonders bewusst, in dem es um Glück bei der Arbeit ging. Ausnahmslos sagten alle Teilnehmer, dass für Sie das Wichtigste im Zusammenhang mit Glücklichsein bei ihrer Arbeit sei, dass Sie Anerkennung bekommen – und dass genau Anerkennung das sei, was ihnen allen am meisten fehle. In den Diskussionen darüber kam ein wesentlicher Aspekt zum Vorschein: In puncto Arbeit geht es nur oberflächlich betrachtet um den Zuspruch zu Projekten und erreichten Zielen, darunter liegt die Sehnsucht verborgen, einfach Anerkennung für die eigene Person zu bekommen. Bleibt diese aus, so ist Frustration die Folge.

»Mich würden noch mehr Erfolge und noch mehr Anerkennung von Mitmenschen und Autoritäten ermutigen.«
Fabian, 16

Auf die Ermutigung von außen müssen wir nicht warten, sondern wir können sie uns proaktiv einholen – und zwar im Sinne von *dürfen*! Dabei geht es nicht darum, dass wir nach Komplimenten fischen gehen oder Bewunderung und Applaus für unsere Ideen einholen, sondern vielmehr darum, dass wir wissen, wo wir bei den anderen stehen.

Wie können wir das erreichen? Die Antwort ist simpel: mit Fragen und Gesprächen! Bitten Sie die Menschen, die Ihnen am Herzen liegen, um positives Feedback: Laden Sie Ihre Familie und Freunde ein, Ihnen aufrichtig Ermutigung zu schenken!

Mut-Mach-Tipp

Ich weiß ja nicht, wie offen und direkt Sie mit Ihren liebsten Menschen sprechen. Falls Sie es noch nicht so gut können, können Sie es ja üben! Damit Sie in Ihrer Absprungzone kräftig Mut tanken können, schicken Sie doch eine Postkarte an drei Menschen, die Ihnen am Herzen liegen, und laden Sie sie auf eine gemütliche Tasse Tee, ein Glas Wein oder einen schönen Cocktail ein. Nur Mut!

Wenn Sie die Postkarten verschickt und sich zu den vereinbarten Terminen treffen, dann fragen Sie Ihr Gegenüber, was Sie ihm bedeuten und was ihm an Ihnen gefällt. Und da nichts im Zusammenleben mit anderen eine Einbahnstraße ist, machen Sie einen echten Dialog daraus. Hilfreich für ein solches Gespräch ist es, wenn Sie die drei folgenden Werte dabei nicht außer Acht lassen:

- Liebe
- Respekt
- Wertschätzung

Liebe/Lieber …,

ich möchte dich auf ein Gespräch mit mir bei einer Tasse Tee einladen. Ich habe etwas auf dem Herzen und würde mich sehr freuen, wenn du dir die Zeit für mich nimmst. Ich freue mich auf dich!

Dein …

Für Dich …

Abb. 18: Postkarte an einen Freund

> *»Ein bisschen Freundschaft ist mir mehr wert als die Bewunderung der ganzen Welt.«*
> Otto von Bismarck

Es kostet uns fraglos Mut, mit unseren Freunden *aufrichtig zu kommunizieren*. Wenn wir uns wünschen, dass wir anderen die Wahrheit sagen können und diese auch wahrhaftig uns gegenüber sind, dann sollten wir eine wesentliche Voraussetzung beachten: Wir müssen berücksichtigen, dass es sich dabei immer nur um *unsere persönliche Wahrheit* handelt.

»Ich brauche Mut für die Ehrlichkeit gegenüber anderen Menschen.«
Bernd, 49

Es gibt keine *objektive* Wahrheit, nur *unsere Sicht der Dinge*. Diese Erkenntnis ist eine wesentliche Prämisse für ein achtsames Miteinander, verhindert sie doch, dass wir uns grenzüberschreitend oder anmaßend verhalten.

»Ich benötige Mut, um Menschen die Wahrheit zu sagen, wenn ich weiß oder denke, dass ich damit jemanden verletzen könnte.«
Holger, 46

Wie man in den Wald hineinruft, so schallt es auch heraus. In diesem Zusammenhang impliziert das die Aufforderung, andere ebenfalls um ihretwillen zu ermutigen und ihnen zu signalisieren, dass wir für sie da sind. Dann wird auch das Echo so ausfallen. Sie können die Fähigkeit trainieren, das Gute in den anderen zu erkennen. Dann wird es Ihnen auch leichter fallen, das Gute an sich selbst zu akzeptieren.

Mut-Mach-Tipp
In Ihr Glas mit der Mut-Sammlung könnten nun auch die Rückmeldungen Ihrer Familie und Freunde wandern. Sie können dann förmlich dabei zuschauen, wie Ihr Mut wächst. Besonders motivierend ist es, wenn Sie nicht gleich mit einem 3-Liter-Gefäß beginnen, in dem sich die Zettel oder Murmeln verlieren, sondern wenn Sie mit einem kleinen Glas beginnen. Nur Mut!

Mein Kompliment!

»Ein Kompliment ist die charmante Vergrößerung einer kleinen Wahrheit.«
Johannes Heesters

Wir alle bekommen es gern, aber die meisten haben so ihre Schwierigkeiten damit, es anzunehmen. Die Rede ist von einem Kompliment. Ein Kompliment ist eine *charmante, wohl-*

wollende Form der Anerkennung, die sich sehr ermutigend auf uns auswirkt. Wenn ich Sie nun bitten würde, sich an das letzte Kompliment zu erinnern, das Ihnen jemand gemacht hat, fällt Ihnen das sicher nicht schwer. Komplimente sind gut für unser Selbstvertrauen und dienen uns gleichzeitig als Mut-Verstärker. Obwohl wir alle gern ernst gemeinte Komplimente bekommen, weil sie uns einfach guttun, reagieren wir manchmal ein bisschen komisch, wenn uns jemand eines macht. Überlegen Sie doch einmal, wie Sie auf ein Kompliment reagieren. Wenn Sie nicht dazu neigen, es herunterzuspielen oder es ein bisschen abzutun, dann: Mein Kompliment!

In einem Seminar kam neulich das Thema mit den Komplimenten zur Sprache und alle 20 Teilnehmer erklärten unisono, dass sie es kaum aushalten würden, ein Kompliment zu bekommen und es einfach anzunehmen, und dass es ihnen viel, viel leichter fällt, anderen Komplimente zu machen. Wir haben dann also einfach »Komplimente annehmen« geübt, weil der Wunsch im Seminar geäußert wurde. Ich forderte die Teilnehmer auf, dass sie ihrem Sitznachbarn zur rechten Seite ein ehrliches Kompliment machen sollten, was dieser einfach mit einem »Danke schön« und einem Lächeln quittieren sollte. Danach waren dann die linken Nachbarn dran. Die Wirkung dieser Übung war verblüffend, denn viele meinten, dass es ihnen wirklich schwergefallen sei, nichts weiter dazu zu sagen – wie beispielsweise »Na ja, so toll ist das nun wirklich nicht« oder Ähnliches. Nachdem wir das ein paar Mal geübt hatten, konnten sie die ermutigende Wirkung der Komplimente einfach annehmen und sich aufrichtig darüber freuen.

In die gleiche Kategorie wie Komplimente fallen auch Mitbringsel. Wie steht es mit Geschenken, die Ihnen jemand unerwartet macht. Vor einiger Zeit brachte mir eine Freundin überraschend Blumen mit, einfach nur mal so. Die Sonne schien, sie hatte gute Laune und wollte mir eine Freude machen. Da stand sie also vor der Haustür mit einem wunderschönen Frühlingsstrauß in der Hand, den sie mit einem herzlichen Lächeln überreicht. Und was sagte ich? »Du musst mir doch keine Blumen mitbringen …«

In solchen Beispielen manifestiert sich das Paradoxon: Einerseits sehnen wir uns nach Anerkennung, weil sie uns ermutigt und stärkt, aber wenn wir sie erhalten, spielen wir sie herunter. Aus diesem Verhaltensmuster auszusteigen erfordert Mut, bringt uns der Mutzone aber näher.

Mut-Mach-Tipp

Wenn Ihnen das nächste Mal jemand ein Kompliment macht, machen Sie sich nicht klein, spielen Sie es nicht herunter, sondern sagen Sie doch einfach nur: Danke! Wenn Ihnen jemand unerwartet eine Freude oder ein Geschenk macht, dann sagen Sie doch einfach nur: Danke! Für Ihre Mut-Verstärker-Sammlung empfiehlt es sich, auch die erhaltenen Komplimente zu notieren und die Zettel oder eben z. B. Murmeln in das Glas zu legen.

Mir fiel es anfangs auch schwer, nur »Danke« zu sagen. Ich habe mir manchmal direkt auf die Zunge beißen müssen, damit ich mich nichts sagen hörte, womit ich das Kompliment nur heruntergespielt hätte. Heutzutage sage ich auch oft mehr als nur dieses eine Wörtchen, ich ergänze es noch mit »Das freut mich sehr, dass du sagst!« An richtig guten Tagen höre ich mich dann sogar sagen »Ja, ich finde das auch toll!«

Verstecken Sie sich nicht und glänzen Sie nicht mit falscher Bescheidenheit! Das wäre schade … Nun ist das keine Aufforderung dazu, dass Sie lautstark prahlen und permanent mit Ihren Stärken hausieren gehen. Aber das eigene Licht ständig unter den Scheffel zu stellen, ist auch keine gute Option. Neulich sah ich einen wunderbaren Cartoon dazu:

Stellen Sie sich eine Szenerie in der Steinzeit vor. Rechts und links ein Höhleneingang, davor jeweils ein Steinzeitmensch im Fellrock. Sie sehen mehrere Menschen begeistert nach links laufen, denn der Mensch links ruft jubelnd: »Ich habe das Rad erfunden.« Und tatsächlich, im Höhleneingang steht ein aus Fels gehauenes Rad. Aber wissen Sie, was Sie auf der rechten Seite sehen? Dort steht hinter dem Höhlenbewohner ein knallroter

Sportflitzer … Die Bildunterschrift lautete dem Sinn nach etwa, dass wir mit Bescheidenheit nicht das Optimum aus unserem Leben herausholen. Also: Nur Mut! Zeigen Sie sich und holen Sie sich Unterstützung von Ihrem Umfeld.

Eine kurze Zeitreise

»Wege entstehen dadurch, dass man sie geht.«
Franz Kafka

Der Sprung in die Mutzone bedeutet ein Stück weit den Sprung in eine ungewisse Zukunft. Mit dem Verlassen von Angst- und Komfortzone betreten Sie automatisch Neuland. Sie betreten ein Gebiet, das Sie so noch nicht kennen: ihre Zukunft.

»Mut bedeutet für mich, etwas zu wagen und Risiken einzugehen, bei dem ich den guten Ausgang nicht vollständig absehen kann.«
Rita, 51

Und diese Zukunft hält all das für Sie bereit, wofür Sie sich bereit fühlen. Sie mögen sich vielleicht manchmal wünschen, dass jemand anderes Ihnen die Entscheidung abnimmt, welchen Weg Sie von dieser Sekunde an weitergehen sollen. Dahinter verbirgt sich nichts anderes als der Wunsch, nicht die Verantwortung tragen zu müssen. Solange wir in der Rolle des Opfers sind, können wir anderen Menschen, den Umständen oder dem Zeitpunkt die *Schuld* für unsere Entwicklung geben. Erst wenn wir bereit dafür sind, die Rolle des *Gestalters* ohne Wenn und Aber zu übernehmen, werden wir uns stark und mutig genug für den Sprung in die Mutzone fühlen, denn dann sind wir in der Lage, auch einen vermeintlichen *Fehler* zu akzeptieren. Wir erleichtern uns dann von dem Druck, alles schaffen zu müssen. Wir befähigen uns im Grunde genommen dazu, etwas mit Spaß ausprobieren und ein

Risiko eingehen zu dürfen. Denn wir begreifen, dass wir weder an unserer Vergangenheit noch an dem eben vergangenen Moment, der eben noch »jetzt« war, etwas ändern können, jedoch vielmehr die einmalige Chance haben, unsere Zukunft zu gestalten. Und die Verantwortung dafür liegt einzig und allein bei uns.

Abb. 19: Unterwegs auf der Timeline in Richtung Zukunft

Wenn Sie sich Ihr Leben als eine gedachte Zeitlinie vorstellen und in Gedanken zurück zum Zeitpunkt Ihrer Geburt kehren und dann schrittweise die einzelnen Etappen Ihres Lebens ein weiteres Mal durchschreiten, kommen Sie irgendwann an dem heutigen Zeitpunkt an. Da stehen Sie nun. Schauen Sie noch einmal zurück und betrachten Sie die von Ihnen zurückgelegte Strecke, schärfen Sie dabei besonders den Blick für die Fortschritte, die Sie dabei im wahrsten Sinne des Wortes gemacht haben. Jeder einzelne Fortschritt ist es wert, dass wir ihn noch einmal betrachten und wertschätzen!

Mut-Mach-Tipp

Ihre Mut-Mach-Sammlung können Sie nun auch mit den einzelnen Fortschritten füllen, die Ihnen als Symbol für bereits Erreichtes dienen und aus denen Sie Kraft und Mut schöpfen können. Freuen Sie sich über all das, was Sie bisher in Ihrem Leben erreicht, geschafft, gewagt und erlebt haben. Dieser Blick nach hinten macht Sie frei für den nächsten Schritt nach vorn. Ich frage noch einmal nach: Haben Sie den Blick nach hinten getan und Ihr Mut-Mach-Gefäß gefüllt? Tun Sie es, damit Sie dann den Absprung in Ihre Mutzone freien Herzens schaffen können. Lesen Sie erst danach weiter – die Zeit sollten Sie sich unbedingt nehmen! Dann können Sie neue Wege gehen ...

Ein besonderer Brief

»Die Erfahrung ist wie eine Laterne im Rücken;
sie beleuchtet stets nur das Stück Weg, das wir bereits hinter uns haben.«
Konfuzius

Was wäre Ihr Leben, wenn Sie nicht an der einen oder anderen Weggabelung bereits die eine oder andere mutige Entscheidung getroffen oder Situation bewältigt hätten. Für neue Wege ist Mut erforderlich, wie ein detaillierter Blick auf die Antworten zeigt, die die Teilnehmer auf die Frage »Wofür benötigen Sie Mut?« gegeben haben:

- neue und eigene Wege gehen
- Neuanfang
- Neues ausprobieren
- neue Herausforderungen
- Neues entdecken
- unbekannte Situationen
- Risiko eingehen
- leben, wie ich will
- im Leben vorankommen
- gegen den Strom schwimmen
- Entscheidungen treffen
- Träume leben

»Mit Mut wäre es mir möglich, glücklich zu sein.«
Lina, 60

All das wäre ohne die Ressource Mut nicht möglich. Oder umgekehrt ausgedrückt: *All das ist mit Mut möglich!* Grund genug dafür, den Absprung zu wagen. Oder wie es eine Teilnehmerin ausdrückte: »Ich springe lieber, bevor das Leben mich schubst …«

Die folgende Übung gibt Ihnen noch einen weiteren Impuls, den Absprung wirklich und wahrhaftig zu wagen, denn hier geht es darum, einen Brief zu schreiben.

Mut-Mach-Übung: Brief an meinen Urenkel

Wie viele Menschen vor Ihnen stehen nun auch Sie in der Absprungzone und damit vor der Entscheidung, den Sprung in die Mutzone zu wagen. *Mut* steht für die Hoffnung auf einen glücklichen Ausgang, ein gutes Ergebnis. Wenn wir genau wüssten, was ab hier passiert, dann würden wir keinen Mut benötigen. Aber in uns schlummert ja so viel mehr, als wir es selber manchmal für möglich halten. Auch wenn Sie ihn noch nicht kennen, aber angenommen, Ihr Urenkel (oder Großneffe, Patenkind etc.) steht in vielen Jahren einmal vor derselben Entscheidung und ist unsicher, ob er es wirklich in die Mutzone schafft, was würden Sie ihm schreiben, um ihn zu ermutigen?

Lieber ______________________

Ich schreibe dir heute, weil ich dich so gern ermutigen würde, indem ich dir von meinen Erfahrungen berichte. Weißt du, was mir geholfen hat, als ich vor derselben Entscheidung stand wie du?

…

Ich glaube an dich, du schaffst das schon!

Dein

Der Sprung in die Mutzone

»Wir bezwingen nicht den Berg, sondern uns selbst.«
Edmund Hillary

Wir alle wünschen uns ein Sicherheitsnetz, das uns auffängt. Dieses Sicherheitsnetz gibt es im Leben nicht, aber wenn wir ein gutes Selbstvertrauen haben und mutig agieren, wenn wir darüber hinaus darauf vertrauen können, dass es Menschen in unserem Leben gibt, die zu uns stehen und uns den Rücken stärken, dann können wir frohen Mutes etwas riskieren und den Sprung in die Mutzone wagen.

»Ich habe irgendwie gelernt, dass ich nur ein Leben habe und dass dieses Leben wirklich wertvoll ist. Ich denke oft, wenn es darum geht, mutig zu sein: ›Na und, wenn es nicht geht, ist es nicht schlimm‹ … Ich denke dann oft, es gibt Schlimmeres und was soll schon passieren? … Ich lerne jetzt einfach etwas über mich.«

Tanja, 39, nach einer schweren Erkrankung

Willkommen in der Mutzone!

»Man entdeckt keine neuen Erdteile, ohne den Mut zu haben, alte Küsten aus den Augen zu verlieren.«
André Gide

Geschafft! Nun sind Sie in Ihrer persönlichen Mutzone – das ist großartig! Sie haben bis hierher einen langen Weg zurückgelegt. Dazu waren viele einzelne Schritte und ein Sprung erforderlich.

»Beim Stichwort Mut denke ich an einen großen Sprung.«
Gabriel, 16

Erinnern Sie sich noch an Ihr Kick-off-Meeting? Nun ist es an der Zeit, Ihre Erfolge zu feiern und die Ernte einzufahren, denn Ihr Weg trägt reiche Früchte. Damit Sie auch in Zukunft eine solch gute Ernte haben, ist es wohltuend, innezuhalten und die gegangenen Schritte noch einmal Revue passieren zu lassen, um nun die positiven Effekte wahrnehmen zu können:

- Sie können so sein, wie Sie sind.
- Sie sind frei wie ein Vogel und leben Ihre Träume.
- Genießen Sie Ihr Leben und sind proaktiv.
- Sie gehen neue Wege.

»Ich brauche Mut, um nicht komplett planbare Wege zu begehen.«
Justus, 60

Ich bin dann mal ich

Mut-Mach-Impuls:

Ich bin dann mal ich, und das ist gut so, weil …

____

Und warum noch? ______________________________

Und warum noch? ______________________________

Und warum noch? ______________________________

In der Mutzone können Sie so sein, wie Sie sind. Hier ist Platz für Authentizität und Kongruenz. Und hier ist es nicht nur *eigentlich* sehr komfortabel, sondern *wahrhaftig*, denn Sie müssen sich nicht verstellen, sondern können Ihr Leben in vollen Zügen und reinen Herzens genießen! Sie sind einfach nur Sie – und das ist gut so! Sie werden spüren, wie attraktiv Ihre Authentizität auf die Umwelt wirkt. Wenn Sie kongruent sind, dann machen Sie mit Ihrem Verhalten Menschen in Ihrem Umfeld Mut dazu, ebenfalls in die Mutzone zu gehen. Sie sind dann ein »Vorbild« – viele Teilnehmer der Befragung hatten ja geäußert, dass es Sie ermutigen würde, wenn Sie ein Vorbild vor Augen hätten.

> »Mich würde das Beispiel anderer ermutigen, die denselben Weg gehen oder schon gegangen sind.«
> Ella, 55

Wenn wir an anderen Menschen etwas entdecken, was uns gut gefällt und ansporn, dann sollten wir sie nicht beneiden, sondern sie als Vorbild auswählen und uns von ihren Fähigkeiten oder ihrem Verhalten motivieren lassen.

> »Es würde mich ermutigen, wenn es mehr Menschen gäbe, die bereit sind, das zu tun, was sie für richtig halten.«
> Hans, 35

Mut-Mach-Tipp
Ermutigen Sie andere aktiv dazu, ebenfalls mutig und authentisch zu sein. Wenn Sie in Ihrer Mutzone sind, sind Sie anderen allein dadurch schon ein wertvolles Vorbild und nachahmenswertes Beispiel! Nur Mut!

Grenzenlos frei

»Nie entmutigt zu sein. Das ist das Geheimnis meines Erfolgs.«
Ernest Hemingway

Ein positiver Effekt der Mutzone ist, dass Sie frei wie ein Vogel sind. Sie gestalten Ihr Leben, wie es Ihnen gefällt, und müssen keine Angst haben. Mut ist ein fester Bestandteil Ihres Lebens, denn Sie sind bereit, neue Wege zu gehen und sich auf neue Erlebnisse sowie unbekannte Situationen einzulassen. Damit Sie das für sich erhalten können und Mut auch eine feste Größe in Ihrem Leben bleibt, gilt es, das gute Gefühl bewusst wahrzunehmen.

Mut-Mach-Übung: Das gute Gefühl von Freiheit
Wie fühlt es sich an, mutig zu agieren und grenzenlos frei zu sein? Stellen Sie sich aufrecht hin, machen Sie Ihre Schultern breit, atmen Sie tief ein, denken Sie daran, dass Sie nun in der Mutzone sind, und nehmen Sie jetzt wahr, wie es sich für Sie anfühlt! Oftmals spüren wir unsere Gefühle intensiver, wenn wir die Augen schließen und mehrmals tief einatmen. Probieren Sie es aus. Und weil Körperhaltung ja Geisteshaltung ist, breiten Sie dabei noch Ihre Arme aus. Machen Sie sich im wahrsten Sinne des Wortes richtig breit in Ihrer Mutzone!

Wenn Sie nun das Gefühl »Ich fühle mich mutig und frei« wahrnehmen, dann beantworten Sie folgende Fragen:

- Mit welcher Farbe assoziieren Sie dieses Gefühl?
- Wo nehmen Sie das Gefühl besonders intensiv wahr?

- Was sehen Sie vor Ihrem inneren Auge?
- Was hören Sie, wenn Sie an dieses Gefühl denken? Bringen Sie mit diesem Gefühl ein Musikstück in Verbindung?
- Welches Symbol verknüpfen Sie mit diesem Gefühl?

Sie können in den Tag mit einem *mutigen Gefühl* starten, wenn Sie sich eine Postkarte oder eine Figur dieses Symbols auf Ihren Nachtschrank oder ins Badezimmer hängen oder stellen. Wenn Sie dieses Symbol dann morgens sehen, gehen Sie in Gedanken wieder in das gute Gefühl, atmen Sie tief ein und ermutigen Sie sich selbst!

Es bedarf zunächst einer gewissen Übung, sich und seine Gefühle bewusst wahrnehmen zu können. Aber es lohnt sich, und Sie werden sehen, wie aufbauend es ist, wenn Sie dann im Laufe der Zeit immer schneller in dieses Gefühl von Freiheit hineinkommen können. Übung macht eben den Meister …

Mut-Mach-Impuls:

Ich liebe das Gefühl von Freiheit, weil …

____

Und warum noch? ______________________________

Und warum noch? ______________________________

Und warum noch? ______________________________

Wie fühlt es sich für Sie an, wenn Sie sich so *breitmachen* in der Mutzone und so intensiv die positiven Effekte der Mutzone auskosten? Genießen Sie das Gefühl von Freiheit und entdecken Sie die Unendlichkeit der Mutzone. Sie sind gerade hier angekommen und können nun noch Schritt für Schritt die Fähigkeit trainieren, mutig zu leben. Denken Sie daran: *Sie haben nichts zu verlieren – nur etwas zu gewinnen!* Genießen Sie Ihr Leben!

»Mit Mut könnte ich klarere Entscheidungen treffen und wäre sicherer in meinem Auftreten. Ich könnte meine Ziele schneller erreichen und würde weniger Zeit darauf verwenden, über ›Was-wäre-wenn‹-Szenarien nachzudenken.«
Johannes, 24

Sei kein Frosch! Trau dich!

Trauen Sie sich, mutig zu bleiben! Bleiben Sie bei sich! Und: Bleiben Sie sich treu! Doch wie können Sie das in Ihren Alltag retten? Wenn wir etwas Neues lernen, dann sind wir anfangs noch etwas *kippelig* auf den Beinen und müssen das Gelernte zunächst noch verfestigen. Die folgende Übung wird Ihnen dabei sehr gut helfen. Sie basiert auf den *logischen Ebenen* von Robert Dilts (1990) und findet im NLP, dem Neuro-Linguistischen-Programmieren, Anwendung. Bei den logischen Ebenen handelt es sich um eine von mir besonders geschätzte Methode, mit der man Ziele definieren, Ideen entwickeln oder stockende Prozesse wieder in Bewegung bringen kann. Die logischen Ebenen sind insbesondere dafür hervorragend geeignet, die Ergebnisse solcher „Findungsprozesse" intern für sich zu überprüfen und auch abzusichern – kurzum, sie dienen der Ergebnissicherung und offenbaren, ob noch etwas nachjustiert werden könnte, denn Sie gehen in Gedanken Schritt für Schritt von einer Ebene zur nächsten – vom Tun zum Sein. Doch was ist das Besondere daran? Am besten, Sie probieren es einfach mal, denn während Sie sich *gedanklich* in einer Ebene befinden und die dazugehörigen Fragen (siehe untenstehende Übung) beantworten – Sie sind also rein kognitiv involviert – *spüren* und *fühlen* Sie gleichzeitig sehr stark, ob es sich für Sie richtig anfühlt oder eben nicht. Die logischen Ebenen eröffnen die Möglichkeit zu einem Abgleich von Kognition und Emotion. Während Sie denken, fühlen Sie – und hier kommt Ihre Intuition ins Spiel.

Sie können mithilfe der logischen Ebenen wunderbar überprüfen, wie es sich in der Mutzone für Sie *anfühlt*. Sie *erleben* sich dann in der Mutzone.

Abb. 20: Die logischen Ebenen nach Robert Dilts

Mut-Mach-Übung: Wenn ich kein Frosch bin …

Wenn Sie die folgenden Fragen beantworten, dann tun Sie proaktiv etwas dafür, dass Sie die positiven Effekte der Mutzone wahrnehmen und sichern können. Nehmen Sie sich für diesen inneren Dialog Zeit!

Logische Ebene	*Charakteristische Fragen*
Umwelt	Wo bist du, wenn du mutig bist? ________________ In welcher Umgebung bist du, wenn du mutig bist? ________________
Verhalten	Was tust du, wenn du mutig bist? ________________ Welche Tätigkeiten übst du dann aus? ________________

Fähigkeiten	Was kannst du, wenn du mutig bist? __________ Welche Kompetenzen hast du nun? __________
Werte	Warum tust du das, was du nun tust? __________ Was ist dir wichtig? __________
Identität	Wer bist du, wenn du mutig bist? __________ Welche Rolle hast du nun? __________
Zugehörigkeit	Wer ist bei dir, wenn du mutig bist? __________ Zu wem/welcher Gruppe gehörst du nun? __________
Sinn	Wozu dient es dir, dass du mutig bist? __________ Was erfüllt sich dadurch für dich? __________

Ein sinnstiftendes und sinnerfülltes Leben zu leben ist eine unserer Kernintentionen. Darum geht es – und wenn Sie die letzten beiden Fragen beantworten konnten, dann sind Sie dem Sinn Ihres Lebens auf der Spur.

Damit Sie auch weiterhin mutig sein und sich etwas trauen können, ist es eine gute Idee, Mut in den Alltag zu integrieren. Nehmen Sie sich gezielt fünf Minuten Zeit und notieren Sie ein bis drei Stichworte, wofür Sie in der vergangenen Woche Mut benötigt haben. Schreiben Sie einmal in der Woche ein *Mut-Tagebuch*! Warum nur mit wenigen Stichworten? Weil es dann realistisch ist und Sie es eher tun werden. Fünf Minuten sind überschaubar und leicht in den Alltag zu integrieren!

Mut ist …

Die Teilnehmer der Studie versprechen sich viele positive Effekte von einem Leben in der Mutzone, wie die nachfolgenden Beispiele zeigen:

»Spaß an neuen Dingen«
Patricia, 47

»Besser zu schlafen, nicht immer so viele Gedanken machen, besser auf mich aufzupassen, also besser leben«
Ulrike, 55

»Selbstverwirklichung bzw. eine Lebensweise nach persönlichem Sinn-Konzept und nicht das von anderen«
Ben, 32

»… ich könnte dazu beitragen, die Welt zu verändern.«
Linda, 15

»Alles, einfach alles ist mit Mut möglich. Ein Mensch, der Mut hat, kann alles in seinem Leben erreichen, was er will. Und man kann alles schaffen, wenn man an sich selber glaubt, und dazu gehört eben Mut.«
Sarah, 21

»Dann wüsste ich, dass ich alleine ohne Furcht in einer fremden Stadt im Ausland oder einem einsamen Ort leben könnte.«
Carmen, 23

»Risikobereitschaft für eine gute Sache«

Gitta, 55

»Trennung von Personen«

Max, 61

»Die Prüfung zu schaffen und ruhigeres Schlafen«

Carola, 46

»Getragen von den Gefühlen von Liebe und Zuneigung erreichte ich die unendliche Leichtigkeit des Seins (klingt abgedroschen, aber ich empfinde das so).«

Christian, 56

»Die *letzten* Zweifel zu überwinden«

Felix, 51

»Situationen locker und entspannter mit mehr Lebenslust angehen zu können«

Daniela, 29

»Ich wäre entscheidungs- und risikofreudiger im persönlichen Bereich und könnte etwaige Verlustängste besiegen.«

Magda, 52

»Die Vorstellung, dass das mutige Wagnis ein Happy End findet«

Chris, 51

»… ich würde mich auf eine intensive Beziehung einlassen.«
Klara, 61

»Führerschein machen«
Luise, 46

»Mir wäre es (vielleicht) möglich, alles so zu akzeptieren, wie es jetzt ist.«
Victoria, 49

»Meine eigene Meinung zu haben und dafür einzustehen«
Uta, 48

»… eine noch stärkere Identität. Beim Reflektieren glaube ich festzustellen, dass Identität sehr stark mit Mut zusammenhängt.«
Artur, 39

»Sehr selbstbewusstes Auftreten, sicher hinter meinen Entscheidungen stehen«
Sünje, 24

»Ich weiß, dass mich mein Mut immer ein Stück weiter in die richtige Richtung bringt.«
Willi, 45

»Meine Interessen vertreten«
Roman, 19

In der Mutzone ist so viel Platz für Lebensfreude, Proaktivität, Sinn und für all das ist, was Sie sich wünschen …

Wie können Sie dort dauerhaft bleiben? Führen Sie sich die Vorteile vor Augen!

Mut-Mach-Impuls:

Seit ich in meiner Mutzone und einfach nur ich bin, genieße ich mein Leben intensiver, weil …

____

Und warum noch? ________________________________

Und warum noch? ________________________________

Und warum noch? ________________________________

Sprechen Sie mit anderen über Mut und genießen Sie, dass Sie nun Ihre Persönlichkeit frei entfalten können!

Herzlichen Glückwunsch!

»Es muss das Herz bei jedem Lebensrufe
bereit zum Abschied sein und Neubeginne.«
Hermann Hesse

Herzlichen Glückwunsch! Sie haben es geschafft, und ich möchte Ihnen noch etwas mit auf den Weg geben: Ich wünsche Ihnen, dass Sie nie entmutigt sind, sondern couragiert Ihren eigenen Weg gehen können! Nur Mut!

Literaturverzeichnis

André, C. (2006): Unvollkommen, glücklich und frei: Die Kraft des Selbstbewusstseins. Düsseldorf (Patmos).

Auhagen, A. E. (Hrsg.) (2004): Positive Psychologie. Weinheim (Beltz).

Bamberger, G. G. (2005): Lösungsorientierte Beratung. Weinheim (Beltz), 3. Auflage.

Beckmann, D., E. Brähler u. H.-E. Richter (1990): Gießen-Test. Göttingen (Hogrefe), 4. Aufl.

Caby, F. u. A. Caby (2009): Die kleine Psychotherapeutische Schatzkiste. Dortmund (Modernes Leben).

Cialdini, R. B. (2007): Die Psychologie des Überzeugens. Bern (Huber), 5. Aufl.

de Shazer, S. (2010): Worte waren ursprünglich Zauber. Von der Problemsprache zur Lösungssprache. Heidelberg (Carl-Auer), 2. Aufl.

DeShazer, S. (2010): Der Dreh. Überraschende Wendungen und Lösungen in der Kurzzeittherapie. Heidelberg (Carl-Auer), 11. Aufl.

DeShazer, S. u. Y. Dolan (2011): Mehr als ein Wunder. Lösungsfokussierte Kurztherapie heute. Heidelberg (Carl-Auer), 2. Aufl. 2011.

Dilts, R. (1990): Changing Beliefs with NLP. Capitola (Meta).

Engelmann, B. (2010): Reiseziel Glück – Machen Sie sich auf den Weg! Heidelberg (Carl-Auer).

Golemann, D. (1998): Emotionale Intelligenz. München (Deutscher Taschenbuch Verlag), 7. Aufl.

Jung, C. G. (2001): Die Beziehungen zwischen dem Ich und dem Unterbewußten. München (Deutscher Taschenbuch Verlag).

Mayring, P. (2007): Qualitative Inhaltsanalyse: Grundlagen und Techniken. Weinheim (Beltz), 9. Aufl.

Metzger, W. (1962): Schöpferische Freiheit. Frankfurt am Main (Kramer), 2. Aufl.

Metzger, W. (2007): Gesetze des Sehens. Magdeburg (Klotz), 4. Aufl.

Myers, D. G. (2005): Psychologie. Heidelberg (Springer).

O'Hanlon, B. (2011): Probiers mal anders! Zehn Strategien, die Ihr Leben verändern. Heidelberg (Carl-Auer), 2. Aufl.

Raddatz, S. (2010): Einführung in das systemische Coaching. Heidelberg (Carl-Auer), 4. Aufl.

Schindler, H. u. von Schlippe, A. (Hrsg.) (2005): Anwendungsfelder Systemischer Praxis. Dortmund (Modernes Leben).

Schulz von Thun, F. u. Stegemann, W. (Hrsg.) (2009): Das innere Team in Aktion. Reinbek bei Hamburg (Rowohlt), 4. Aufl.

Sparrer, I. (2009): Wunder, Lösung und System. Lösungsfokussierte Systemische Strukturaufstellungen für Therapie und Organisationsberatung. Heidelberg (Carl-Auer), 5., überarb. Aufl.

Watzlawick, P. (2008): Die erfundene Wirklichkeit. München (Piper), 18. Aufl.

Über die Autorin

Bea Engelmann, Diplom-Psychologin, Betriebswirtin für Internationale Wirtschaft, Schifffahrtskauffrau, NLP-Master, Systemischer Personal- & Business-Coach; Gründerin des Instituts für Glückspsychologie. Lehrbeauftragte an der Universität Bremen, Masterstudiengang Wirtschaftspsychologie. Arbeitsschwerpunkte: Positive Psychologie, Arbeits- und Organisationspsychologie sowie Hochbegabung. Sie arbeitet als Coach, Unternehmensberaterin, Trainerin und hält Vorträge. Veröffentlichungen u. a.: »Reiseziel Glück. Machen Sie sich auf den Weg!« (2010).